典型风险环境下
供应链运作策略研究

OPERATIONAL STRATEGIES FOR
SUPPLY CHAINS WITH TYPICAL RISKS

■ 曾能民 黄 河 徐鸿雁 著

重庆大学出版社

内容提要

本书在供应风险、生产风险和需求风险这3类典型风险环境下,系统地研究了供应链企业的4种风险应对策略:后备采购、与对手合作、专利授权或共享、拉式订货策略。

本书主要分为如下3个部分:第一,绪论部分对本书的研究背景和意义进行了概述。第二,文献综述部分介绍了本书的理论基础以及国内外相关研究现状。第三,研究内容部分主要探讨了如下4个议题:①上游中断风险下供应链核心企业后备采购与代发货策略研究;②上游产能风险下供应链产品竞争与供货合作研究;③供应链核心企业产出风险下专利独占、授权和共享策略研究;④市场需求风险下考虑供应链产能约束和不对称信息下的采购机制设计。

图书在版编目(CIP)数据

典型风险环境下供应链运作策略研究 / 曾能民,黄河,徐鸿雁著. -- 重庆:重庆大学出版社,2020.8
ISBN 978-7-5689-2076-6

Ⅰ.①典… Ⅱ.①曾… ②黄… ③徐… Ⅲ.①供应链管理—研究 Ⅳ.①F252.1

中国版本图书馆 CIP 数据核字(2020)第 136115 号

典型风险环境下供应链运作策略研究
DIANXING FENGXIAN HUANJING XIA GONGYINGLIAN YUNZUO CELÜE YANJIU
曾能民 黄 河 徐鸿雁 著
责任编辑:马 宁 史 骥 版式设计:史 骥
责任校对:谢 芳 责任印制:张 策
*
重庆大学出版社出版发行
出版人:饶帮华
社址:重庆市沙坪坝区大学城西路21号
邮编:401331
电话:(023)88617190 88617185(中小学)
传真:(023)88617186 88617166
网址:http://www.cqup.com.cn
邮箱:fxk@cqup.com.cn(营销中心)
全国新华书店经销
重庆长虹印务有限公司印刷
*
开本:720mm×1020mm 1/16 印张:9.75 字数:177千
2020年8月第1版 2020年8月第1次印刷
ISBN 978-7-5689-2076-6 定价:55.00元

前　言

随着供应链的全球化和市场竞争的日益激烈,企业正面临越来越多的风险。风险的存在不仅给企业造成损失,还在很大程度上增加了企业决策的复杂性。因此,如何策略性地使用各种工具应对风险,并在考虑风险应对工具的情形下探讨供应链企业的生产、采购、定价等决策,具有重要的理论和现实意义。本书针对供应风险、生产风险和需求风险这3类常见且典型的风险,研究了后备采购、与对手合作、专利授权或共享,以及拉式订货4种风险应对策略。其中,企业该如何合理地使用新的工具(与对手合作、专利授权或共享)应对风险,而传统的工具(后备采购、拉式订货)在复杂运作环境下该如何高效地发挥作用,是本书重点关注的问题。本书的研究内容主要包括以下4个方面:

第一,在上游中断风险下,本书探讨了线上零售商同时采用代发货(即制造商在零售商要求下直接将产品配送给顾客)与后备采购策略时的最优订货决策,分析了这两种策略各自的价值,研究了这两种策略之间的替代或互补关系。研究发现,对零售商而言,代发货策略和后备采购策略的引入都能增加其利润,且这两种策略之间具有替代性。对上游制造商而言,代发货策略的引入使其利润增加,后备采购策略的引入使其利润减少,但这两种策略之间具有互补性。对整条供应链而言,当物流成本较低或较高且后备采购成本较低时,代发货和后备采购策略之间具有互补性;而其他情况下,这两种策略之间具有替代性。

第二,在上游产能风险下,本书研究了原始设备制造商可以在其供应商产能的随机性实现后向竞争对手采购部分零部件的供应链竞合问题,其中竞争对手是一个既生产零件也生产产品的集成制造商,其生产零件的成本更高但完美可靠。研究发现,依赖于供应商实现后的产能大小,两个制造商可能只竞争不合作,也可能竞争与合作共存。然而从事前来看,原始设备制造商向对手采购的期望数量总是正的,这意味着合作选项的存在具有风险应对效应。而且,与没有合作的情形相比,合作选项的引入使集成制造商投放到市场上的产品数量减少(产量收缩效应),使上游供应商获得的订货量增加(溢出效应)。在上述风险应对效应、溢出效应和产量收缩效应的共同作用下,合作选项的引入将使两个制造商之间的竞争加剧。

第三,在高技术企业的产出风险下,本书研究了如何利用专利授权或共享策略应对自身产出风险的问题,并对独占、授权和共享这3种专利策略进行了比较。在独占策略下,具有随机产出风险的高技术企业自己生产零件并向下游制造商供货;在授权策略下,企业不生产零件但把技术授权给代工厂商并收取专利许可费;在共享策略下,企业把专利共享给代工厂商,当企业随机产出实现但不能满足下游订单时由代工厂商来补足订单。研究发现,对高技术企业而言,若下游制造商面对的市场规模较小,则授权策略占优;若市场规模较大,此时哪种策略更好取决于高技术企业生产的可靠性:当可靠性较低时,独占策略占优,当可靠性较高时,共享策略占优。和分散决策相比,集中决策使授权策略占优的区间扩大,使独占策略占优的区间缩小。除此之外,对高技术企业而言,最优的专利策略和社会最优(即对整条供应链而言最优的专利策略)之间存在一定程度的扭曲,且扭曲的程度随生产启动成本的降低而加剧,随可靠性的降低而缓解。

最后,在市场需求风险下,本书研究了制造商面对两个具有产能约束和私有成本信息的供应商时的采购策略,其中制造商既可以在需求实现之前订货(推式订货),也可以在需求实现之后订货(拉式订货)。本书设计了一个最优的采购机制以实现信息的甄别、供应商的选择、订货数量的确定和产能的分配。研究发现,推式订货和拉式订货策略既可能共存,也可能互斥。若低成本供应商的虚拟成本高于单位紧急生产成本,制造商只采用拉式订货策略(即拉式排斥推式)。若低成本供应商的虚拟成本不太高时,则两种策略共存还是互斥取决于上游产能的大小。当产能较小时,制造商只向两个供应商推式订货(即推式排斥拉式);当产能适中时,制造商向两个供应商推式订货且剩余产能用于拉式订货(推式和拉式共存);当产能较大时,制造商只向一个供应商推式订货且剩余产能用于拉式订货(推式和拉式共存)。在对称信息下,相对于高成本供应商而言,低成本供应商的产能约束会给制造商造成更多的利润损失;且在不对称信息下,上述不对称效应将加剧。此外,和对称信息相比,不对称信息的存在削弱了推式订货的价值,提升了拉式订货的价值,削弱了供应商产能约束对制造商的限制。

总体上而言,本书丰富了供应链管理理论,并为企业的运作实践提供了参考。具体而言:第一,在供应风险管理方面,既往研究一致认为,当企业拥有紧急补货选项之后,具有供应风险的主供应商获得的订货量会减少。然而本书第4章在引入供应链竞合之后却发现,补货合作选项的存在使具有供应风险的供应商获得的订货量增加,即两个制造商之间的合作具有溢出效应。第二,在生产风险管理方面,近年来已有很多高技术企业采用专利授权或共享的方式应对自身的产出风险,但是理论上针对这种新颖的风险管理策略的研究还没有。而本书第 5 章对上述问题进行了深入研究,并首次比较了独占、授权和共享这 3 种专利策略,得到了一些出人意料的结论。第二,在需求风险管理方面,尽管分别研究推式和拉式订货策略的文献不胜枚举,两者的比较研究也很多,但是关于产能约束和不对称信息两者相结合研究还没有。而本书第 6 章在不对称信息和随机需求下设计了一个最优的采购机制以实现信息的甄别、供应商的选择、订货数量的确定和产能的分配,并发现不对称信息的存在会内生出只实施拉式订货而不实施推式订货的采购策略(即拉式排斥推式)。因此,推式和拉式订货策略既可能共存,也可能互斥,而且共存或互斥的条件依赖于供应商的产能与虚拟成本的大小。

　　然而,本书还存在一些不足:第一,本书第 4 章假定上游供应商具有外生的批发单价,这也是既往关于供应链竞合研究的常见假设。然而在运作实践中,供应商的批发单价可能是内生变量,因此后续研究可考虑在现有模型中加入供应商的批发单价决策。第二,本书第 6 章假定供应商的紧急生产成本是共同知识。然而在运作实践中,供应商的常规生产成本和紧急生产成本可能都是其私有信息,因此后续研究可考虑将现有模型扩展到推式和拉式订货都存在不对称信息的情形。

　　本书的读者对象包括供应链运作管理领域的教师、学生和科研人员,以及在企业一线从事供应链管理的工作人员和技术人员。

　　本书是我博士期间研究工作的总结,这些工作中的大部分是在我的导师黄河教授以及副导师徐鸿雁教授的指导下完成的。在此,向两位老师致以深深的谢意,感谢两位老师的悉心培养、关怀和帮助! 同时还要感谢我的同门师兄、师姐、师弟和师妹们,感谢他们在学习、科研和学术讨论中给予的帮助。

曾能民

2019 年 11 月

目　录

1 绪 论

1.1 研究背景

随着供应链的全球化和市场竞争的日益激烈,企业正面临越来越多的风险。美国金融专家协会(Association for Financial Professionals,AFP)在2016年发布的针对全球企业高管的调查报告显示,89%的受访者认为企业当前遭到的风险与过去持平甚至比过去更高(AFP,2016)。当供应链上任何一个企业出现风险性事件时,整条供应链将受到很大的影响,甚至遭到毁灭性打击。比如,2011年的日本大地震造成当地数百家汽车零件供应商停产,包括丰田在内的许多汽车制造商被迫中断生产长达半年之久(Kim,2011)。又比如,2014年全球最大的船用燃料油制造商——丹麦宝运石油公司突然宣告破产,导致当时整个船用燃油行业陷入混乱;受此影响,其所在供应链上至少有6家公司的损失超过了1 000万美元,甚至有燃油交易商称,该事件极易引发供应链上游企业的一波倒闭潮(王心馨,2014)。由此可见,在供应链管理中,如何采取合适的策略以应对风险,是企业亟待解决的核心问题之一。除此之外,由于供应链节点上的每一个企业在决策时都要考虑链上其他企业的决策和反应,即链上各方的决策环环相扣,相互影响,因此在考虑风险应对工具的情形下,如何进行合理地决策,是企业面临的又一个运作难题。甚至,麦肯锡(McKinsey)咨询公司在调查报告中直截了当地指出,有超过三分之二的大企业高管认为,日益增长的供应链风险是企业运作实践中面临的最大挑战(McKinsey,2010)。

供应链运作管理中面临的风险多种多样,为梳理这些风险的特征,并找到合适的应对策略,首先需要对这些风险进行分类。本书借鉴Manuj & Mentzer(2008)的分类标准,以供应链核心企业为参照,根据风险的来源不同,将其分为3类:上游的供应风险、自身的生产风险和市场的需求风险(见图1.1)。

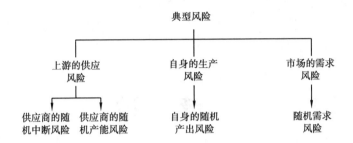

图 1.1　供应链核心企业面临的典型风险

①上游的供应风险。自然灾害、政治动荡、恐怖袭击、工人罢工、技术故障、财务问题、原材料短缺等各种各样的突发性事件都可能引起供应风险。例如,在 2005 年,北美最大的汽车零件供应商德尔福(Delphi Corporation)申请了破产保护,其主要客户通用汽车公司被警告可能遭受供应风险,为此通用汽车不得不向德尔福提供了大笔资金援助(Babich,2010)。2007 年,由于上游企业美铝产能不足造成机身连接器短缺,波音公司被迫推迟 787 梦幻客机的交货期长达半年之久,并造成了 25 亿美元的巨额经济损失(Chen et al.,2012)。2012 年,福特的供应商赢创(Evonik)在生产一种特殊树脂材料时发生爆炸,由此造成的供应中断迫使福特推迟了新型皮卡车的发布(Simchi-Levi et al.,2014)。2013 年,中石化的一个大型输油管道发生爆炸,造成了下游众多炼油厂的减产,并导致青岛炼化公司一个百万吨乙烯项目的推迟(21 世纪经济报道,2013)。上述案例表明,对下游企业而言,供应风险会严重破坏企业的营利性,造成经营业绩低迷、股东利润流失和企业声誉下降等不良影响(Hendricks & Singhal,2005)。而对上游供应商而言,这些随机性风险事件的发生可能造成其生产或运输中断,也可能削弱其生产能力:前者使供应商在一段时间内可能无法处理任何订单,造成随机中断风险(Tomlin,2006);后者使供应商在产能限制下只能完成部分订单,造成随机产能风险(Qin et al.,2014;Tan et al.,2016;申笑宇,2015)。因此,本书主要关注供应商的随机中断和随机产能这两种最典型的供应风险。

②自身的生产风险。受自然灾害、机器故障、人事变动、决策失误、技术瓶颈、工艺复杂性等一系列潜在因素的影响,供应链核心企业的生产过程往往存在很大的不确定性,其最直接的表现形式就是随机产出风险。这类风险在农业、化工、制药、电子、服务业、生物科技等行业中体现得尤为明显(Xu,2010;Chen & Xiao,2015)。例如,电子行业中液晶显示器的产出率长期低于 50%(Chen & Yang,2014),而半导体制造业中新产品的产出率甚至可能低至 10% ~ 20%(Nahmias,

2009)。随机产出风险会导致效率低下、成本上升、需求无法匹配、顾客流失、企业声誉下降,从而严重影响企业的效益。例如,由于工艺的复杂性,特斯拉的生产遇到了瓶颈,在 2017 年第三季度,其主力品牌车型 Model 3 的产量仅为 260 辆,远不及该公司预计的 1 500 辆。鉴于过低的产出率,Model 3 的交付时间被迫推迟了 3 个月,随后特斯拉的股价下跌了 17%(钱童心,2017)。

③市场的需求风险。麦肯锡(McKinsey)在 2010 年发布的针对全球 639 个企业高管的调查报告显示,企业当前面临的最大风险源于需求的不确定性(McKinsey,2010)。而美国金融专家协会(AFP)也在一份 2016 年发布的调查报告中指出,40% 的企业高管认为需求的不确定性是企业未来遭遇的最大风险(AFP,2016)。企业的声誉、对手的入侵、产品的设计问题、广告的投放力度、季节因素等都将引起需求的不确定性即随机需求风险。这类风险不仅使企业的采购和生产计划制订变得异常复杂,还可能导致生产过剩、库存积压、成本上升、资金周转率下降等问题。而且,这些问题还将进一步通过供应链传给上游供应商,并通过牛鞭效应把损失放大,从而对整条供应链产生很大的危害。例如,2018 年 iPhone X 的市场需求远不及预期,因销量低迷,整条供应链上积压的零部件库存竟然达到了出货量(已售出数量)的 3 倍;鉴于这些零部件只有一部分能用于下一代苹果手机的生产,苹果公司和它的供应商如富士康、台积电等将因此蒙受巨额经济损失(凤凰网,2018)。

上述大量运作案例表明,在供应链管理中,如何采取合适的策略以应对风险,是企业亟待解决的现实问题。纵观运作管理理论和实践,不难发现,在风险性事件出现之前先准备好合适的应急方案,是最简单、最行之有效的风险应对策略。在不同的风险环境下,应急方案的表现形式是不同的,本书主要考虑如下几种应急方案:

第一,面对供应商随机中断风险时的后备采购策略。在运作实践中,企业通常会配备一个后备供应商,以便当主供应商出现供应中断时,可以通过后备供应商的紧急生产来弥补。例如,2000 年 5 月,一场火灾袭击了飞利浦位于墨西哥的半导体工厂,由此造成的芯片短缺导致下游企业爱立信一个机型的停产,并因此损失了 4 亿美元的营收;而相比之下,在得知芯片短缺之后,诺基亚迅速启动了后备采购策略,从其他供应商处购买芯片弥补了芯片短缺问题,避免了巨额损失。一年后,诺基亚成功击败爱立信,市场份额从 27% 上升到 30%(Chen & Yang,2014)。又比如,2011 年 10 月,作为苹果公司金属机壳主供应商的可胜科技由于破坏环境的行为被苏州环保局下令停工限产,苹果公司得知这一消息后迅速采用了后备采购策略——转向后备供应商富士康采购金属机壳，从而保证了其在预定的时间内推出产品，并保持了其在同时期的市场占有率（Chen & Guo,2014）。事实上，后备采购策略在运作实践中的使用非常普遍，世界著名管理咨询公司贝恩（Bain & Company）的调查报告显示，世界上有超过60%的大型企业都把后备采购策略当作一种主要的风险应对工具（Chen & Yang,2014）。

第二，面对供应商随机产能风险时与对手合作（即向对手采购）的策略。随机产能风险在运作实践中非常普遍。当行业内仅有的少数供应商都面临随机产能风险时，企业与竞争对手合作以获得额外的产能和补货渠道，是运作实践中十分常见的做法。2009年，奔驰母公司戴姆勒向深陷供应链危机的特斯拉提供了包括安全气囊、传感器和悬架在内的众多汽车零部件（Gentlemanz,2017）。2013年，当主供应商夏普和LG在产能上遇到问题时，苹果公司迅速转向它们的对手三星采购部分7.9英寸视网膜面板（AppleInsider, 2013）。而且，近年来这两家全球最大的智能手机制造商之间的合作还呈现趋于紧密的态势。在2017年，苹果有超过一半的零部件由三星供应，其中就包括显示屏和存储芯片等核心零部件。这是因为，三星作为一个具有全产业链优势的科技巨头，其在显示器、存储芯片等高技术领域处于全球主导地位且占有大部分市场份额，因此尽管苹果习惯从多家厂商采购零部件，但它还需要三星这个稳定的供应商，以确保产能的可靠性（Forbes,2016；Techweb,2017）。

第三，面对自身随机产出风险时的专利共享或授权策略。专利共享，指的是高技术企业把专利共享给其他公司，以便自己在生产上遇到问题时，可以由其他公司提供帮助的风险应对策略。比如2015年，三星把当时最先进的14纳米制程技术共享给了战略合作伙伴格罗方德，随后它们联合获得了苹果iPhone 6s所搭载A9处理器的订单，其中三星是主供应商，格罗方德是备选供应商，即当三星遭遇生产问题时，由格罗方德提供供货帮助（Bloomberg News,2015）。除此之外，特斯拉、丰田等企业也常采用专利共享策略（Hu et al.,2017）。专利授权，指的是高技术企业为避免自身的随机产出问题而把专利和产品制造过程均授权给其他企业的策略。典型的案例有ARM公司：世界上几乎所有平板电脑的处理器都是基于ARM的构架和设计，然而ARM并不生产芯片，而是将专利授权给诸如台积电这样的具有丰富制造经验和成熟生产工艺的代工厂商，并让这些代工厂商进行生产（Cambridge,2010；Intel Newsroom,2015；Burt,2016）。同样地，苹果、诺基亚、惠普、IBM等企业，都选择把技术专利授权给富士康，并让富士康代工而自己不直接生产产品（Cooke,

2017;安卓网,2017)。

第四,面对随机需求风险时的拉式订货策略。拉式订货指的是企业为应对需求的不确定性,选择在需求实现之后进行紧急采购的一种风险应对策略。有了拉式订货选项之后,企业不需要在需求实现之前大量备货,这样既可以避免需求不足造成的积压,也可以避免需求过于旺盛引起的销售机会丧失,因此它在运作实践中的使用非常广泛。2009年,LG冰激淋时尚手机备受年轻人欢迎,当发现其需求好于预期时,国美、大中等家电零售巨头纷纷进行了紧急补货(北京娱乐信息报,2009)。2013年,由于金色版iPhone 5s的预定数量超出了预期,苹果公司临时要求供应商增产三分之一(Wall Street Journal,2013)。2013年,富士重工推出新车斯巴鲁混合动力版XV并预计每月的销量为550辆,然而仅仅过了两个月,公司收到的订单高就达到9 200辆,为此富士重工进行了零部件的紧急采购和产品的紧急增产行动并把月产量提升到了原来的两倍(环球时报,2013)。2017年,由于零部件采购和产品生产过多再加上全球电视机市场需求低迷,中国的多家电视制造商如海信、长虹、康佳、创维等出现了严重库存积压现象(中国家电网,2017)。事实上,如果这些家电企业在需求实现之前只采购和生产(计划数量的)一部分,而剩下部分留到需求实现之后视情况再进行采购和生产(拉式订货选项),那么这种严重积压现象就不会发生。

1.2 研究问题及意义

基于上述运作实践背景,本书提炼出如下4个方面的研究问题:

第一,上游中断风险下供应链核心企业后备采购与代发货策略研究。随着电子商务的迅速发展和市场竞争的日益激烈,越来越多的线上零售商(供应链核心企业)与上游制造商进行代发货(Drop-shipping)合作以节约物流成本(即制造商在零售商要求下直接将产品配送给顾客),并考虑从现货市场进行后备采购以应对制造商的供应中断风险。然而在理论上,尽管分别研究后备采购(Babich,2006;Hou,2017)和代发货策略(Yao et al.,2008;Cheong et al.,2015)的文献不胜枚举,但是同时考虑两者的研究还没有。因此理论上亟待解决的科学问题是,对线上零售商而言,代发货策略的使用对后备采购策略的风险应对效果具有增强还是减弱效应?后备采购策略的使用对代发货策略的成本节约效果具有怎样的影响?对上游的制造商而言,后备采购的存在是否会增加代发货策略的价值?对整条供应链而言,代发货和后备采购这两种策略之间具有替代还是互补的关系？本书对这些问题的回答（见第3章）将丰富物流、采购和供应链风险管理方面的相关理论，并为企业的运作实践提供参考。

第二，上游产能风险下供应链产品竞争与供货合作研究。在运作实践中，当上游供应商出现随机产能风险时，下游制造商常常选择从竞争对手那里对零部件进行补货。然而，理论上研究两个制造商之间既竞争又合作的文献不多（如 Pun，2014；Luo et al.，2016），且这些研究都没有考虑上游的供应风险问题。因此，理论上亟待解决的科学问题是，在考虑上游供应风险的情形下，两个企业之间的竞争与合作能否共存？如果可以，在怎样的条件下能共存，在怎样的条件下只竞争不合作？两个制造商之间的合作对竞争的强度有怎样的影响？本书对这些问题的回答（见第4章）将丰富供应链竞争、合作和风险管理方面的相关理论，并为企业的运作实践提供参考。

第三，供应链核心企业产出风险下专利独占、授权和共享策略研究。在运作实践中，高技术企业（供应链核心企业）常常采用专利授权或共享策略应对自身的生产风险。然而在理论上，尽管分别研究专利独占（Horstmann，1985）、专利授权（Fauli-Oller & Sandonis，2002；Tian，2016）和专利共享策略（Hu et al.，2017）的文献都有，但对这3种最常见专利策略的比较研究还没有，且相关研究也没有考虑风险在专利策略的实施中所起的作用。因此，理论上亟待解决的科学问题是，对高技术企业而言，这3种专利策略各自占优的条件是什么？对整条供应链而言，哪种专利策略更好？随机产出风险在不同专利策略的比较中起着怎样的作用？对高技术企业而言最优的专利策略和社会最优（对整条供应链而言最优的专利策略）之间存在怎样的扭曲？本书对这些问题的回答（见第5章）将丰富企业专利运作策略和供应链风险管理方面的相关理论，并为企业的运作实践提供参考。

第四，市场需求风险下考虑供应链产能约束和不对称信息的采购机制设计。在运作实践中，当企业面临市场需求的不确定性时，推式订货和拉式订货相结合的策略越来越受到企业的青睐。在理论上，尽管分别研究推式和拉式订货策略的文献不胜枚举（Dong & Zhu，2007；Xing et al.，2012），两者的对比研究也很多（Cachon，2004；申笑宇，2015），但是关于产能约束和不对称信息两者相结合的研究还没有。因此，理论上亟待解决的科学问题是，同时考虑推式和拉式订货策略的采购机制如何设计？如何在推式和拉式订货中分配有限的产能？产能约束对制造商的利润会产生怎样的影响？这种影响在对称和不对称信息情形下具有怎样的区别？

本书对这些问题的回答(见第 6 章)将丰富双源采购和供应链风险管理方面的相关理论,并为企业的运作实践提供参考。

1.3　研究思路、框架与内容

本书按以下思路展开研究。首先,以供应链核心企业为参照,归纳出了上游的供应风险、自身的生产风险、市场的需求风险 3 类典型的供应链风险。随后,在上游中断风险下,本书探讨了企业同时采用后备采购与代发货策略时的最优订货决策,研究了这两种策略之间的替代或互补关系(第 3 章)。然后,在上游产能风险下,本书研究了企业可以在上游可靠性实现后向竞争对手补货的供应链竞合问题(第 4 章)。接着,在高技术企业的产出风险下,本书分别构建了 3 种最常见专利策略——独占、授权和共享下的供应链上下游决策模型,并对这 3 种专利策略进行了比较(第 5 章)。最后,在市场需求风险下,本书研究了企业面对两个具有产能约束和私有成本信息的供应商时的采购机制设计,其中企业既可以推式订货,也可以拉式订货(第 6 章)。

基于上述研究思路,本书的研究框架如图 1.2 所示。本书的主要研究内容共分 7 章,安排如下:

第 1 章,绪论。首先,该章介绍了研究背景,提出了研究问题并说明了研究意义;然后,阐述了研究思路、框架与内容,介绍了研究方法;最后,总结了本书的研究创新与贡献。

第 2 章,国内外研究综述。该章综述了供应风险、生产风险、需求风险管理相关研究,并对文献进行了评述。

第 3 章,上游中断风险下供应链核心企业后备采购与代发货策略研究。在考虑上游制造商存在随机中断风险的情形下,该章探讨了线上零售商(供应链核心企业)同时采用代发货和后备采购这两种策略时的最优决策,分析了这两种策略各自的价值,研究了这两种策略之间的替代或互补关系。

第 4 章,上游产能风险下供应链产品竞争与供货合作研究。在考虑供应商存在随机产能风险的情形下,该章研究了原始设备制造商可以在上游可靠性实现后向竞争对手补货的供应链竞合问题,分析了合作发生的条件以及供应风险在竞合关系中所起的作用,探讨了合作对竞争强度的影响,以及对上游不可靠供应商所获订单数量的影响。

第 5 章，供应链核心企业产出风险下专利独占、授权和共享策略研究。在考虑高技术企业（供应链核心企业）存在随机产出风险的情形下，该章分别构建了 3 种最常见专利策略——独占、授权和共享下的供应链上下游决策模型，分析了对高技术企业而言这 3 种专利策略各自的占优条件，探讨了对高技术企业而言最优的专利策略和社会最优（对整条供应链而言最优的专利策略）之间的扭曲问题。

第 6 章，市场需求风险下考虑供应链产能约束和不对称信息下的采购机制设计。在考虑随机需求风险和需求实现后的拉式订货选项的情形下，该章设计了制造商面临上游产能约束时的最优采购机制，求出了推式订货和拉式订货策略共存和互斥的条件，对比了对称信息和不对称信息下制造商采购策略的差别，分析了产能约束对制造商利润的影响和不对称信息在其中所起的作用。

第 7 章，结论与展望。该章对全书的研究工作进行了总结，归纳了本书的主要结论，且对后续研究进行了思考与展望。

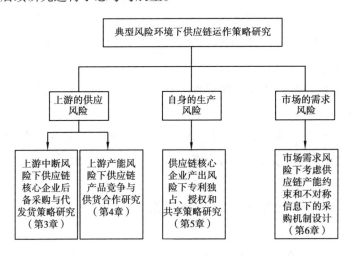

图 1.2　研究框架

1.4　研究方法

本书主要采用数理建模和优化以及博弈论的方法，对各研究问题进行理论研究。并借助计算机仿真工具进行数值模拟，以检验、扩展和直观展示部分理论分析结果。各部分研究内容都涉及多阶段决策，因此整体上用逆向归纳法进行求解。具体研究方法如下：

第 3 章,具体在求解每一个决策变量时,都要用到非线性优化方法;在研究代发货策略和后备采购策略的价值时,需用到比较静态分析法。

第 4 章,同时求解两个制造商初始的投产数量决策时,要用到完全信息静态博弈的均衡求解方法;在分析合作对竞争强度的影响,以及对上游不可靠供应商所获订单数量的影响时,需用到比较静态分析法。

第 5 章,在分析独占、授权和共享这 3 种专利策略各自占优的条件时,需用到对比分析法。

第 6 章,在建模时,需用到机制设计理论与方法;在求机制的最优解时,需用到双层规划求解方法;在分析对称信息和不对称信息下采购策略的差别时,需用到对比分析法;在分析产能约束效应时,需用到比较静态分析法。

1.5　研究创新与贡献

本书的主要创新与贡献如下:

在供应风险管理方面,尽管现实中企业与竞争对手合作以应对供应风险的现象十分普遍,但理论上针对这类问题的研究还没有。本书第 4 章深入探讨了原始设备制造商可以在其供应商的可靠性实现后向竞争对手(即集成制造商)补货的供应链竞合问题,并得到了明显区别于供应风险管理经典结论的结果。具体而言,既往关于供应风险管理的研究(如 Tomlin,2006;Yang et al. ,2009;Chen & Xiao,2015)一致认为,当企业拥有紧急补货选项之后,具有供应风险的主供应商获得的订货量会减少。然而本书第 4 章在引入供应链竞合之后却发现,补货合作选项的存在使具有供应风险的供应商获得的订货量增加,即两个制造商之间的合作具有溢出效应。本书在第 4 章给出了上述结论的严格证明和详细解释。

在生产风险管理方面,近年来已有很多高技术企业采用专利授权或共享的方式应对自身的产出风险,但是理论上针对这种新颖的风险管理策略的研究还没有。本书第 5 章对上述问题进行了深入研究,并首次比较了独占、授权和共享这 3 种专利策略,得到了一些出人意料的结论。具体而言,对高技术企业而言,若市场规模较小,则授权策略占优;若市场规模较大,此时哪种专利策略更好取决于其生产的可靠性。由于共享策略可以很好地应对产出风险,因此根据直觉很容易认为,高技术企业的可靠性越低越愿意共享,然而结论恰好相反。对高技术企业而言,当可靠性较低时,独占策略占优,当可靠性较高时,共享策略占优。本书第 5 章对上述结论进行了严格证明和详细解释。

在需求风险管理方面,尽管分别研究推式和拉式订货策略的文献不胜枚举,两者的比较研究也很多,但是在产能约束和不对称信息下两者的结合研究还没有。本书第 6 章在不完全信息和随机需求下设计了一个最优的采购机制以实现信息的甄别、供应商的选择、订货数量的确定和产能的分配,并发现不完全信息的存在会内生出一种新的采购策略——只实施拉式订货而不实施推式订货(即拉式排斥推式)。因此,推式和拉式订货策略既可能共存,也可能互斥,而且共存或互斥的条件依赖于供应商的产能与虚拟成本的大小。

2 国内外研究综述

本书研究了典型风险环境下的供应链运作策略,主要涉及供应风险管理、生产风险管理和需求风险管理3方面的研究内容,接下来将分别梳理上述3方面的相关文献,总结现有研究的不足,明确本书的研究意义。

2.1 供应风险管理相关研究

供应风险有很多,如供应中断、随机产能、随机提前期等。接下来本节将综述各类供应风险管理的相关研究。

2.1.1 供应中断风险管理相关研究

很多学者研究了供应中断风险下的后备采购策略——企业在主供应商出现供应中断时向后备供应商补货的策略性行为。Tomlin(2006)研究了企业面对主供应商供应中断风险时的策略选择问题——持有过多库存或实施后备采购,并求出了这两种策略的占优条件,其中后备供应商比主供应商的成本更高但完美可靠。Yang et al. (2009)在供应商的可靠性(即供应成功的概率)是其私有信息时的条件下,设计了买方的最优采购合同菜单以甄别高低两种可靠性类型的供应商,合同规制了供应商出现供应中断时,要么选择向买方支付罚金,要么通过启动后备生产补齐供应短缺。Tomlin(2009)在研究后备采购策略时发现,如果后备采购没有预订成本和产能限制,那么只有在主供应商发生供应中断时,后备采购才被启用;相反,在有产能限制和预订成本时,制造商有可能在主供应商未发生中断风险时就启用后备采购。Hou et al. (2010)探讨了当主供应商面临供应中断风险时买方和后备供应商之间的回购合同设计。Saghafian & VanOyen(2012)探讨了两种不同的风险应对策略在提升供应链响应能力方面的作用,这两种策略分别是付出努力获取中断风险信息和实施后备采购。李彬等(2013)探讨了买方企业通过设计订货合同迫使主供应商在发生供应中断时主动求助于后备供应商的问题。Chen & Yang

（2014）研究了一个具有后备选项的定期查看库存系统，其中当主供应商出现供应中断时，可以使用价格昂贵、产能有限的后备供应商进行补货。Nejad et al. (2014)认为后备采购是一种成本效益良好的（供应中断）风险应对策略，开发了一个基于混合整数规划的产量计划工具，该工具可以生成中断发生时的供应链应急计划，并确定后备供应商的合适响应速度。Zeng & Xia(2015)为采购商设计了一个收益共享的后备采购合同并发现，这种合同不仅可以应对来自主供应商的供应中断风险，还可以激励后备供应商为采购商预留产能。Huang & Xu(2015)在买方面临两个具有随机中断风险的主供应商和一个完美可靠但成本更高的后备供应商时，运用两阶段动态规划建模方法，求出了信息更新背景下双源采购和后备供应共存与互斥的条件并发现，后备供应的存在降低了企业选择双源采购的可能性。邢鹏等(2016)研究了由一个物流服务集成商和两个物流服务供应商组成的供应链的物流服务质量控制问题，其中一个供应商是主供应商，另一个供应商是后备供应商，且这两个供应商都具有供应中断风险，而物流服务集成商是风险规避的。Guo et al. (2016)研究了主供应商既有供应中断风险又有随机产出风险下的采购问题，并分析了这两种不同的风险对常规和后备采购决策的影响。在主供应商存在中断风险的情形下，Yin & Wang(2018)比较了制造商向后备供应商采购时的3种不同订货方式——提前采购、预订和紧急采购，研究发现，若中断概率较高则提前采购占优，若中断概率适中则预订策略占优，若中断概率较低则紧急采购占优。

也有很多学者探讨了供应中断风险下的多源采购策略——企业同时向多个供应商采购以分散供应风险的策略性行为。Anupindi & Akella(1993)在随机中断和随机（但连续）需求背景下研究了双源采购策略，研究发现，最优的订货策略依赖于当前的库存水平：当库存足够大，则不订货；当库存适中，则向低成本供应商订货；当库存较小，则向两个供应商订货。Swaminathan & Shanthikumar (1999)沿用了Anupindi & Akella(1993)的模型并发现，当需求分布为离散而非连续时，从高成本但高可靠性的单一供应商处采购在某些情况下也是最优策略。Chopra et al. (2007)认为企业在供应商选择时应该根据不同的风险类型来权衡成本和可靠性，并研究了采购商面对两个供应商时的采购决策，其中一个供应商成本低但存在供应风险，另一个供应商成本高但完美可靠。他的研究发现，当供应商的不可靠表现为随机中断风险时，采购商应从高成本供应商处采购更多的数量，从低成本供应商处采购更少的数量；当供应商的不可靠表现为随机产出风险时，采购商应从低成本供应商处采购更多的数量。Babich et al. (2007)研究了一个零售商面对两个具有供应中断风险的供应商时的采购数量决策问题,其中两个供应商之间需进行批发单价竞争,该文还分析了双源采购的风险分散效应和竞争效应。Yu et al. (2009)在供应中断风险和价格敏感性需求的情形下,比较了单源采购和双源采购策略,求出了这两种策略各自的占优条件。Chaturvedi & Martínez-de-Albéniz(2011)研究了买方面对随机需求和供应中断风险时的多源采购机制设计,其中每个供应商的成本和供应可靠性都是其私有信息。王丽梅等(2011)在现货市场和契约市场共存的情况下,分析了现货供应的不可靠和销售商的风险规避态度对销售商采购策略的影响。Yang et al. (2012)设计了供应中断风险下的双源采购合同,探讨了不对称信息对双源采购的风险分散效应和竞争效应的影响。张文杰和骆建文(2013)比较了双源采购和后备采购这两种策略在应对供应中断风险时的有效性。温源和肖勇波(2013)研究了考虑汇率波动和供应风险情况下的双渠道采购策略。田军等(2013)分析了一个基于能力期权合同的应急物资双源采购模型。李彬等(2014)在考虑供应中断风险的情形下,研究了制造商的多周期双源鲁棒订货决策。Li & Li(2016)研究了一个损失厌恶企业面对随机需求时的双源采购问题,其中一个供应商具有中断风险,而另一个供应商完美可靠但成本更高。他的研究发现,和风险中性相比,损失厌恶会使不可靠供应商获得的订单数量向下扭曲。李新军和刘兴华(2016)研究了由两个供应商和一个制造商构成的供应链合同设计问题,其中主供应商可靠性服从连续随机分布,而次供应商具有中断风险,并建立了签约和执行两阶段博弈模型,求出了制造商的最优合同设计。Dong et al. (2018)研究了企业面对两个具有随机产出风险供应商时的采购和定价策略,并分析了两种定价模式——事前定价(即企业在供应商生产之前同时决定零售价和采购数量)和响应定价(即定价决策推迟到供应商随机产出实现之后),研究发现,相对于事前定价而言,当供应可靠性较高(低)时响应定价抑制(促进)了供应的多样化,而当可靠性适中且单位采购成本较高(低)时,响应定价抑制(促进)了供应的多样化。

还有部分学者探讨了供应中断风险下的流程改进策略——通过付出努力以改善供应可靠性的策略行为。Wadecki et al. (2012)研究了两个制造商面对一个具有供应中断风险的共同供应商时的流程改进问题,研究发现,两个制造商之间的竞争越激烈,越不愿帮助共同的供应商改善可靠性。Kim & Tomlin(2013)在系统中断风险下研究了具有竞争关系的两个供应商如何通过事前努力降低中断的概率并进行产能投资以便在事后(即中断发生后)恢复系统运作的问题,并分析了供应商之间的竞争关系如何影响风险应对策略的使用。Tang et al.(2014)分析了买方直接对供应商进行投资以激励供应商付出努力改善可靠性的流程改进策略,比较了双源采购和流程改进策略在应对供应中断风险时的作用。朱传波等(2014)考虑了制造商为减缓供应商生产中断风险,需要在突发事件发生前对生产恢复能力进行投资的问题,建立了一定置信水平下生产恢复能力的投资决策模型,揭示了制造商风险规避程度对最优恢复能力投资水平的影响。Huang et al.(2016)考虑了制造商面对一个具有供应中断风险的供应商时的采购合同设计,其中供应商的可靠性是其私有信息且该可靠性可以通过制造商或供应商付出努力被改进,研究发现,和供应商付出努力相比,制造商付出努力并不会给制造商带来更多的利润。周林和侯晶(2017)在供应中断风险下研究了制造商实施后备产能订购以激励主供应商付出努力改善可靠性的策略,研究发现,该策略不仅可以有效应对供应风险,还能够在一定程度上应对需求波动风险。

也有少量文献关注了供应中断风险下的其他应对策略。Bakshi & Kleindorfer (2009)在供应商存在供应中断风险的前提下,运用讨价还价模型研究了供应商和采购商对风险缓解投资策略的选择问题——事前的联合投资或事后的损失共担;此外,该文还设计了一份激励相容合同,该合同将实现最优的投资和利润的均分。Xia et al.(2011)比较了两种分担供需风险的契约形式——期权合同与订单合同,在期权合同中,采购商事先预定产能且供应商需确保交付,因此采购商可以免除供应中断风险,但供应商却面临供需风险;在订单合同中,买方先下订单然后供应商建立产能,但如果发生任何中断,则不保证交付。结果表明,随着中断概率的增加,采购商对两种合同形式的偏好会来回切换。Dong & Tomlin(2012)研究了同时采用运作手段(即库存投资)和金融手段(即业务中断保险)应对供应中断风险的问题,并发现这两种策略之间既可能存在替代性也可能存在互补性。Hu et al.(2013)研究了采购商如何通过订货量或价格激励供应商产能恢复投资努力的问题,比较了事前(即中断发生前)激励和事后激励两种激励承诺,研究发现,采购商和供应商都偏好事前激励。

2.1.2　随机产能风险管理相关研究

Hsieh & Wu(2008)研究了由一个零售商、一个制造商和一个具有随机产能风险的供应商组成的供应链的协调问题,比较了3种不同的协调模型——供应商和制造商协调、制造商和零售商协调,以及三方协调,发现有供应商参与的协调模型可以缓解随机产能风险造成的损失。在离岸主供应商存在随机产能风险的情形下,Sting & Huchzermeier(2010)研究了企业向后备供应商采购时的合同设计,研究发现,一些强制性的合同条款会促进供应链的协调,而承诺合同会导致供应系统利润的净损失。Wang et al.(2010)分别在随机产能与随机产出模型下比较了制造商的双源采购(即向两个不可靠供应商采购)和流程改进(即向一个不可靠供应商采购且付出努力改善该供应商的可靠性)策略,研究发现,在随机产能模型下,当两个供应商的成本相差较大时流程改进策略占优,否则双源采购策略占优;而在随机产出模型下,结论恰好相反。Feng & Shi(2012)探讨了企业面对供应商随机产能风险时的多元采购策略和产品定价问题,求出了依赖于当前库存水平的供应商选择、订货数量和产品定价最优决策。Li et al.(2013)在采购商面临两个具有随机产能风险供应商的情形下,研究了外生价格和内生价格(即采购商在观测到供应商产能的不确定性之后再决定零售价格)模式中的采购决策问题,研究发现,在内生价格模式中,供应商可通过改善自身的可靠性获得更多的订单,但在外生价格模式中,供应商没有改善可靠性的动机。Qin et al.(2014)分析了采购的多源化对激励的扭曲效应:当零售商只向一个具有随机产能风险的供应商采购时,供应商对可靠性的改善会增加自己的利润,而当供应端变成两个供应商且这两个供应商之间存在批发单价竞争时,供应商对自身可靠性的改善不一定会使自己受益。钱佳和骆建文(2014)分析了由一个零售商、一个主供应商和一个后备供应商组成的供应链系统,其中主供应商有随机产能风险,后备供应商完美可靠,为降低供应风险,零售商可以向供应商提供支持,研究发现,零售商对主供应商的支持强化了两个供应商之间的竞争,提升了零售商的利润。Qi et al.(2015)研究了两个具有竞争关系的企业面对一个供应商时的产能投资决策,其中实现的产能是关于投资水平的随机函数,企业可规定产能的使用方式来减缓甚至杜绝产能投资的溢出效应——产能投资给对手带来的好处,研究发现,溢出效应会加剧企业间的竞争,抑制每个企业的投资努力,严格限制的产能使用将导致不利的市场均衡。Li et al.(2017)在响应定价模式下考虑了企业面对一个可靠供应商和一个具有随机产能风险供应商时的采购决策问题,其中响应定价是指企业在随机产能实现之后做出定价决策,分析了双源采购和响应定价这两种策略在应对供应风险时的相互作用,研究发现,这两种策略之间的关系主要取决于两个负面效应——商誉损失效应和收益损失效应:当商誉损失效应占主导地位时,上述两种策略之间具有替代关系;否则是一种互补关系。Li & Arreola-Risa(2017)研究了一个追求公司价值(Firm Value)最大化的企业面对供应商的随机产能风险时的采购决策问题,其中公司价值采用资本性资产定价模型(Capital Asset Pricing Model)进行评估,研究发现,公司价值依赖于产能的均值和方差,但是最优订货量却与产能的均值、方差无关。Hwang et al.(2018)在供应商存在随机产能风险情形下发现,尽管批发单价合同(Wholesale Price Contracts)非常简单,但是当供应商的谈判力很强时,该合同在激励供应商流程改进或过量生产方面依然是有效的。

2.1.3 其他供应风险管理相关研究

Kouvelis & Milner(2002)分析了如下供应链:制造商在两个阶段面临着随机需求和随机供应,为了满足第二阶段的非核心业务需求,该制造商在内部生产和后备供应商生产间进行选择。他们的研究发现,较大的供应不确定性增加了对垂直整合(内部生成)的依赖,而较大的需求不确定性增加了对外包(后备采购)的依赖。Kouvelis & Li(2008)在主供应商具有随机提前期的情况下研究了买方的后备采购策略并发现,主供应商交付时间的不确定性越高,后备供应选项的好处越明显。Tang & Kouvelis(2011)分析了采购的多源化对双寡头企业的好处,其中双寡头企业需要从两个共同的供应商处采购零件并转化成产品进行古诺竞争,每个供应商都具有随机产出风险,结果显示,供应商产出相关性的增加将导致两个竞争性企业的产量更加相关,并导致它们的利润下降,且当两个供应商的随机产出率具有很强的负相关关系时,相对于单源采购而言,双源采购会带来更高的期望市场输出,并给每个企业带来更高的利润。Guajardo et al.(2012)用实证方法研究了两种不同的售后服务合同(即时间材料合同和绩效合同)对产品质量可靠性的影响,研究发现,相对于时间材料合同而言,绩效合同下产品的可靠性要高得多,因为绩效合同会引导供应商进行更频繁的售后维护。但斌等(2013)针对农产品生产过程中天气(不可控因素)和生产商努力水平(可控因素)同时影响农产品产量与质量的问题,分析了产量和质量的随机性对生产商与零售商最优决策的影响,设计了"风险分担 + 回购"的组合式合同,并发现该合同可以实现供应链协调。朱传波和季建华(2013)在供应商具有随机产出风险的情形下分别探讨了制造商的双源采购和流程改进(即对供应商进行投资以改善其可靠性)策略,并分析了流程改进的价值。侯晶(2013)研究了主供应商面临随机产出风险时,制造商与后备供应商之间的供应风险信息共享策略,并分析了信息的价值。Chen & Guo(2014)研究了两个具有竞争关系的零售商的采购决策问题,其中焦点零售商既可以向具有随机产出风险的共同供应商采购,也可以向完美可靠的专属供应商采购,而竞争对手只能向共同供应商采购,研究发现,即使专属供应商的批发单价更低,焦点零售商依然会策略性地向共同供应商采购。Wang et al. (2014)认为单个具有随机产出风险供应商面对多个竞争性制造商时,制造商付出努力(投资)提高供应商可靠性的行为将使其他制造商受益,即制造商的努力具有溢出效应,而且制造商的期望收益会随溢出效应的上升而增加,而努力投入却随溢出效应的上升而减小。在合约供应商具有随机产出风险的情况下,Chen & Xiao(2015)探讨了买方的后备采购策略和后备供应商的生产计划,并分析了后备采购的价值,研究发现,与集中运营相比,分散运营中买方对后备采购的依赖更强。Merzifonluoglu(2015)研究了具有多个供应商的"报童问题":企业(报童)为满足随机需求,需要向多个具有产能约束和随机产出的主供应商订货,在需求和产出的随机性实现之后,企业可以向一个高成本但完美可靠的供应商进行后备采购。周欣和霍佳震(2015)对由单个采购商和多个供应商组成的多产品供应链进行了研究,其中供应商配送的提前期存在不确定性,其探讨了如何合理压缩配送提前期波动来降低供应链总成本的策略,并给出了相应的启发式算法。Guo et al. (2016)研究了主供应商既有供应中断风险又有随机产出风险下的采购问题,并分析了这两种不同的风险对常规采购和后备采购决策的影响。马雪松和陈荣秋(2017)构建了服务质量、服务价格、服务市场规模都存在随机扰动时的服务供应链的应急管理模型,其中应急管理方式是服务集成商与服务供应商的双边努力合作。Kamalahmadi & Parastb(2017)评估了持有库存、后备采购和保护供应商三者的结合策略在应对供应商随机产出风险方面的有效性。

2.2 生产风险管理相关研究

在理论上,很多学者关注了企业如何应对自身生产风险的问题。Terwiesch & Bohn(2001)考虑了新产品生产时的低产出率和低合格率问题,提出了一种基于"试产实验"的方法,即企业可以在正式生产之前进行试产,并通过试产过程的学习和经验积累,探索出快速提高产出率、合格率和产量的方法。Iyer et al. (2005)研究了具有生产中断风险的单寡头供应商面对多个采购商时的最优合同设计,其中供应商可通过产能恢复投资应对自身的生产中断风险,且延期交货给采购商造成的损失是其私有信息。Liu et al. (2010)分析了供应商付出努力提升自身可靠性对零售商营销努力和库存决策的影响,研究发现,供应可靠性的增加会激励零售商制定更高的需求目标,从而增加零售商的利润,但最优的库存水平可能不会随供应可靠性的增加而变化。赵道致和吕昕(2012)在一个产出随机的供应商和一个需求随机的零售商组成的供应链中,构建了基于风险共担的 VMI(Vendor Managed Inventory)协同模型,并发现该模型可以实现供应链整体绩效的最优。黄河等(2015)在具有随机中断风险的供应商可通过努力(实施流程改进)提高自身可靠性的情形下,采用委托代理理论研究了制造商的最优采购合同设计。何青和黄河(2016)分别在谈判和斯坦伯格博弈模型中研究了供应商可付出努力改善自身可靠性并降低单位生产成本时的供应链决策问题,结果显示,谈判模型中下游企业的最优采购数量和努力程度大于斯坦伯格模型中的相应值,且谈判模型能够实现整条供应链利润的最大化(即等价于集中决策)。Li et al.(2016)在一个制造商和一个具有随机中断风险的供应商组成的供应链中,研究了决策顺序对供应商内生可靠性改进决策和制造商定价策略的影响,结果显示,与制造商作为领导者(即制造商先动)的博弈相比,在供应商作为领导者(即供应商先动)的博弈中,供应商生产的可靠性会达到更高的水平,但整条供应链的利润却不一定更高。Jain & Hazra(2017)研究了两个供应商为满足采购商的需求而进行的产能投资竞争,其中产能投资的结果(即最终实现的产能)存在不确定性且每个供应商还拥有一个专属的外部市场(Outside Option),研究发现,如果存在一个阈值使上游总产能的期望低于该阈值时,两个供应商会增加产能投资以降低自身的(产出)风险,而超过此阈值时,两个供应商则会减少产能投资。

2.3 需求风险管理相关研究

2.3.1 随机需求风险管理相关研究

理论上,很多学者关注了如何使用拉式订货策略应对随机需求风险的问题。Cachon(2004)在随机需求下定义了两种不同的订货模式:需求未知时(即需求实现前)向供应商订货的推式订货策略,和获知需求后(即需求实现后)向供应商订货的拉式订货策略。Dong & Zhu(2007)在随机需求下考虑了一条由供应商和零售商组成的供应链,其中供应商在销售季节来临之前开始生产,零售商有两种不同的订货策略——在供应商生产决策之前提前订货(即推式订货),在供应商生产完成且观察到需求之后的延迟订货(拉式订货),研究发现,当库存所有权由共享转移到个体时,可能实现帕累托改进,而且这种改进在推式订货策略下(比拉式订货策略下)更容易发生。Granot & Yin(2008)探讨了随机需求下由一个组装厂和多个组件供应商组成的装配系统的供应链协调问题,其中每个供应商供应一种组件,组件供应商可以自发地结盟以协调定价和生产决策,研究发现,相对于推式订货策略而言,拉式订货策略下更容易实现供应链协调。Fu et al. (2009)分析了制造商面临随机需求时的零件采购问题,其中制造商需要多种不同的零件以组装产品,对每一种零件而言,制造商既可以在需求实现之前以正常的价格采购零部件(推式订货),也可以在需求实现之后以更高的价格采购零部件(拉式订货)。Li & Scheller-Wolf(2011)研究了一个面临随机需求的采购商面对多个供应商时的公开降价拍卖机制,每个供应商拥有生产成本的私有信息,采购商可以提供推式或拉式合同,其研究求出了推式合同和拉式合同各自的占优条件,并发现在拉式合同中,采购商可能无法从拍卖参与者数量的增加中受益。Xing et al. (2012)研究了随机需求下的零售商决策问题,其中零售商既要在需求实现之前决策销售价格和向主供应商订货的数量,还要在需求实现之后决策从现货市场补货的数量,研究发现,当现货市场流动性增加时,零售商应该降低零售价格。Wang et al. (2014)在随机需求下考虑了一条由买方、合约制造商及供应商组成的三级供应链,该供应链存在两种外包结构——控制和委托。在控制结构下买方分别与合约制造商、供应商签订合同,在委托结构下买方仅与合约制造商签订合同,而合约制造商与供应商签订合同,研究发现,不论是在推式还是拉式订货模式下,买方都会选择控制结构,而相对于推式订货策略而言,拉式订货策略产生的买方利润更高。Budde & Minner(2014)考虑了一个在需求不确定情形下可以从多个供应商处采购的"报童问题"(其中供应商的制造成本是私有信息),比较了不同拍卖形式(首价和次价)和需求风险分担合同(推式和拉式)的组合,研究发现,推式合同下的首价拍卖对制造商而言最好。Sali & Giard(2015)在随机需求下探讨了存在拉式订货选项的 MRP(Material Requirement Planning)系统的库存决策问题。当主供应商出现供应中断时,李新军等(2016)比较了两种期权执行模式——推式订货模式以及推式与拉式相结合的订货模式,前者是指制造商在需求实现前向两个供应商订货,后者指的是制造商在需求实现前只向主供应商订货,而需求实现后向后备供应商订货。李卓群和梁美婷(2018)提出了一种供应链动态库存模型以应对库存系统中需求的不确定性问题。

2.3.2　需求中断风险管理相关研究

有少量学者关注了需求中断风险管理问题。Zhang et al. (2012)研究了供应中断风险下由一个制造商、两个供应商组成的供应链协调问题。Cao(2014)探讨了双渠道供应链的最优决策和协调问题,其中两个渠道对应的市场需求都存在中断风险,并分析了需求中断对决策的影响。李雪莲等(2015)建立了由两个供应商和一个零售商组成的二级供应链模型,其中需求和供应都存在中断风险,研究发现,当主供应商中断风险较大时,零售商的占优策略是将后备供应商作为唯一采购源,而当主供应商中断风险较小时,考虑需求也同时发生中断的情形下,双源采购是占优策略。Chen et al. (2016)研究了需求中断风险下两条对称供应链的竞争问题,其中每条供应链由一个制造商和一个零售商组成,制造商需设计合同以甄别零售商关于需求中断的私有信息。Behzadi et al. (2018)提出了一个多物品多周期优化模型来分析农产品供应链中的需求中断风险,并比较了3种风险管理策略的有效性,这3种策略分别是多样化需求市场(Diversified Demand Market)、备用需求市场(Backup Demand Market)以及灵活运输(Flexible Rerouting)。

2.4 文献总结与评述

纵观既往文献,可以发现供应链风险管理方面还有如下理论尚未解决的科学问题:

在供应风险管理方面,首先,尽管有大量学者对供应风险下的后备采购策略进行了细致、深入的研究,但是没有文献考虑同时使用后备采购和代发货策略时的决策问题,也没有文献探讨这两种策略之间的互动关系,因此理论上亟待解决的科学问题是,对于线上零售商而言,代发货策略的使用对后备采购策略的风险应对效果具有增强还是减弱效应?而后备采购策略的使用对代发货策略的成本节约效果具有怎样的影响?对于上游的制造商而言,后备采购的存在是否会增加代发货策略的价值?对整条供应链而言,代发货和后备采购这两种策略之间具有替代还是互补的关系?其次,在既往文献中,关于企业与竞争对手合作以应对上游供应风险的研究还没有,因此,理论上亟待解决的科学问题是,在考虑上游供应风险的情形下,两个企业之间的竞争与合作能否共存?如果可以,在怎样的条件下能共存,在怎样的条件下只竞争不合作?两个制造商之间的合作对竞争的强度有怎样的影响?

在生产风险方面,既往研究主要关注的是企业如何通过流程改进、产能投资等手段应对自身的生产风险(提升自身的可靠性),然而关于企业运用专利授权或共享策略应对风险的研究还没有,因此,理论上亟待解决的科学问题是,对高技术企业而言,这 3 种专利策略各自占优的条件是什么? 对整条供应链而言,哪种专利策略可以实现供应链利润的最大化? 随机产出风险在不同专利策略的比较中起着怎样的作用? 对高技术企业而言最优的专利策略和社会最优(对整条供应链而言最优的专利策略)之间存在怎样的扭曲?

在需求风险方面,虽然分别研究推式和拉式订货策略的文献不胜枚举,两者的对比研究也很多,但是在产能约束和不对称信息下两者的结合研究还没有。因此,理论上亟待解决的科学问题是,同时考虑推式和拉式订货策略的采购机制如何设计? 如何在推式和拉式订货中分配有限的产能? 产能约束对制造商的利润会产生怎样的影响? 这种影响在对称和不对称信息情形下具有怎样的区别?

为回答上述科学问题,本书将在第 3 章研究供应中断风险下零售商的后备采购与代发货策略,在第 4 章研究上游随机产能风险下的供应链产品竞争与供货合作问题,在第 5 章研究高技术企业产出风险下的专利独占、授权和共享策略,在第 6 章研究市场需求风险下考虑产能约束和成本私有信息的采购机制设计。

3 上游中断风险下供应链核心企业后备采购与代发货策略研究

3.1 引 言

自然灾害、政治动荡、恐怖袭击、工人罢工、技术故障、财务问题、原材料短缺等各种各样的突发性事件都可能引起供应中断风险。由于电商行业的供应链全球化程度更高,管理更加松散,因此供应中断风险在电商行业中更为普遍(Yao et al.,2008)。据埃森哲(Accenture)咨询公司的调查显示,在大型节日(如圣诞节)期间,电商行业的交付失败率高达67%(Cheong et al.,2015)。鉴于电子商务的开放性、全球性等特征,电商行业面临比传统行业更激烈的竞争。因此除了风险,成本也是电商企业需要考虑的核心问题。近年来,越来越多的线上零售商与上游制造商进行代发货合作(Drop-shipping)以节约整条供应链的物流成本,并考虑从现货市场或其他企业处进行后备采购以应对制造商的供应中断风险,其中代发货是指制造商在零售商的要求下直接将产品配送给顾客的策略。比如,全球著名的代发货平台Salehoo拥有8 000多个经过审核的供货企业,该平台为每一种产品提供了一个供应商列表,以便当零售商遭遇主供应商的缺货问题时,可以从列表中选择其他企业进行后备供货(Mofluid,2016)。又比如,中国知名的线上食品零售商"本来生活网"将数量庞大的实体便利店和果蔬超市发展为自己的供应商,当顾客下单后,由距离顾客最近的供应商直接送货上门,这样做不仅节省了物流成本,实现了快捷配送,而且一旦距离顾客最近的供应商出现缺货时,还可以通过周边的其他供应商将货物补上,从最大程度上降低了供应风险带来的损失(虎嗅网,2015)。因此,受现实案例的启发,本书将以线上零售商为供应链核心企业,研究供应中断风险环境下线上零售商的代发货和后备采购策略。

既往研究中,有两个流派的文献和本章直接相关。第一个流派的文献关注的是线上零售商的代发货问题。Khouja(2001)分析了代发货策略在节约成本方面的优点和物流不可控方面的缺点,提出了一种持有库存和代发货相结合的策略。Netesine & Rudi(2006)比较了线上零售商的 3 种策略:持有库存、代发货以及两者的结合,并求出了这 3 种策略各自的占优条件。Yao et al. (2008)为代发货供应链中的零售商设计了一个收益共享机制,该机制不仅能够激励供应商提升可靠性,还能让供应商自愿地分享关于成本的私有信息。Gan et al. (2010)在代发货供应链背景下,研究了供应商面对线上零售商关于需求的私有信息时的承诺-罚金合同(Commitment-penalty Contract)设计。Chiang & Feng(2010)在经济订货批量(EOQ)模型下,研究了零售商采用代发货模式时采购与定价的联合优化决策问题。赵金实等(2013)在代发货供应链下比较了供应商主导和零售商主导两种模式,研究发现,供应链成员可通过主导权谋取更大的利润,零售商主导型供应链的整体利润水平低于供应商主导型供应链。Cheong et al. (2015)探讨了代发货供应链中库存信息的不透明对供应链绩效的影响,研究发现,和高估制造商的库存水平相比,零售商更可能低估制造商的库存,信息的不透明在很大程度上增加了零售商和制造商的运营成本,且这种影响对前者更显著。曹裕等(2016)分析了代发货供应链中线上零售商的广告策略以及制造商最优的配送水平和批发单价决策,其中线上零售商具有广告水平的私有信息。Yu et al. (2017)分析了制造商同时使用双渠道(即线下和线上)时的决策问题,其中制造商需要决策的是在线上渠道上采用代发货策略还是传统策略(即让零售商持有库存),研究发现,只有当线上零售商面对的市场规模较小时制造商才会采用代发货策略。

第二个流派的文献关注的是供应风险下的后备采购问题。Tomlin(2006)研究了企业面对主供应商供应中断风险时的策略选择问题——持有过多库存或实施后备采购,并求出了这两种策略的占优条件,其中后备供应商比主供应商的成本更高但完美可靠。Kouvelis & Li(2008)在考虑主供应商具有随机提前期的情况下,研究了买方的后备采购策略。Hou et al. (2010)探讨了当主供应商面临供应中断风险时买方和后备供应商之间的回购合同设计。李彬等(2013)探讨了买方企业通过设计订货合同迫使供应商在发生中断时主动求助于后备供应商的问题。Chen & Yang(2014)研究了一个具有后备选项的定期查看库存系统,其中当主供应商出现供应中断时,买方可以选择价格昂贵、产能有限的后备供应商进行补货。在考虑合约供应商具有随机产出风险的情况下,Chen & Xiao(2015)探讨了买方的后备采购策略和后备供应商的生产计划,并分析了后备采购的价值。Zeng & Xia(2015)为采购商设计了一个收益共享(后备采购)合同,并发现这种合同不仅可以应对来自主供应商的供应中断风险,还可以激励后备供应商为采购商预留产能。当买方面临两个具有随机中断风险的主供应商和一个完美可靠但成本更高的后备供应商时,Huang & Xu(2015)运用两阶段动态规划建模方法,求出了信息更新背景下双源采购和后备供应共存与互斥的条件,并发现后备供应的存在降低了企业选择双源采购的可能性。Guo et al. (2016)研究了主供应商既有供应中断风险又有随机产出风险下的采购问题,并分析了这两种不同的风险对常规采购和后备采购决策的影响。Kamalahmadi & Parastb(2017)评估了持有库存、后备采购和保护供应商相结合的策略在应对供应风险方面的有效性。在主供应商存在中断风险的情形下,Yin & Wang(2018)比较了制造商向后备供应商采购时的 3 种不同订货方式——提前采购、预订和紧急采购,研究发现,若中断概率较高则提前采购占优,若中断概率适中则制造商应选择预订策略,若中断概率较低则紧急采购占优。

纵观既往文献,同时考虑代发货和后备采购策略的研究还没有,而且也没有相关研究考虑过这两种策略之间的替代和互补关系。因此,理论上亟待解决的科学问题是,对于线上零售商而言,代发货策略的使用将增强还是减弱后备采购策略的风险应对效果? 而后备采购策略的使用对代发货策略的成本节约效果具有怎样的影响? 对于上游的制造商而言,后备采购的存在是否会增加代发货策略的价值? 而代发货策略的使用是否会减少后备采购对其造成的损失? 对整条供应链而言,代发货和后备采购这两种策略之间具有替代还是互补的关系? 为回答这些科学问题,本章在代发货供应链背景下研究了线上零售商面对制造商供应中断风险时的采购决策问题,求出了零售商最优的常规采购和后备采购决策,以及制造商最优的批发单价决策,分别分析了代发货策略和后备采购策略的价值,探讨了这两种策略之间的替代、互补关系。

3.2　模型描述

考虑一个线上零售商(Online Retailer)通过电子平台向离岸市场上的顾客销售一种产品。零售商面对的市场需求 D 服从 $[0,d]$ 上的均匀分布(Walker,1992;Berman & Krass,2011;Kurdhi et al. ,2018;Huang et al. ,2018)。产品的市场价格为 p。为满足市场需求,零售商需要向一个制造商采购该产品(称之为常规采购)。制造商先给出批发单价 w(Netesine & Rudi,2006;Cheong et al. ,2015;Yu et al. ,2017),零售商再决策向制造商订货的数量 Q_r(即常规采购数量)。获得订单后,制造商开始生产,设单位生产成本为 c,即总生产成本为 cQ_r。然而,受自然灾害、恐怖袭击、技术故障、工人罢工等种种潜在因素的影响,该制造商是不可靠的,这种不可靠性体现为供货的随机中断风险。和既往研究一样(Yang et al.,2009;He et al.,2015),设该制造商供货的成功率 δ 服从 0-1 分布:

$$\delta = \begin{cases} 1, & \text{概率为 } a \\ 0, & \text{概率为 } 1-a \end{cases}$$

其中,a 为制造商的可靠性且 $0 < a < 1$。因此,制造商实际供应的产品数量为 δQ_r,零售商需要向制造商支付 $w\delta Q_r$(即一旦供应失败,零售商给制造商的支付为 0)。为节约库存和运输成本,零售商和制造商之间的合作采用代发货(Drop-shipping)模式,即在顾客下单后,零售商把顾客的购买数量和地址信息传输给制造商,然后制造商直接发货给顾客,设发货产生的单位物流成本为 c_l。这种模式在理论研究(Khouja,2001;Yao et al.,2008;Cheong et al.,2015)和运作实践[如亚马逊、天猫商城等(王博,2015;Yu et al.,2017)]中都非常常见。

为应对制造商的随机中断风险,在制造商生产结束之后(即零售商观测到 δ 的具体值之后),零售商可以通过自身所在地附近的现货市场或非长期合作制造商紧急采购一定数量的产品(称之为后备采购)。设后备采购的单位成本为 r,零售商需要决策后备采购数量 Q_b。后备采购的产品由零售商发送给顾客,单位物流成本也为 c_l。

最后,零售商通过电子平台销售产品,超订的产品作废(残值为 0),未满足的需求丧失。事件的时间顺序如图 3.1 所示。

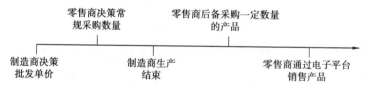

图 3.1　事件的时间顺序

为探讨代发货策略的价值,后续分析将考虑零售商不采用代发货策略(即采用传统模式)时的决策。在传统模式下,制造商生产结束之后需把成功产出的产品发送给零售商,由于制造商与零售商在地理位置上相距较远,不妨设单位发货成本也为 c_l。为避免无意义的讨论,需作如下假设:

假设 3.1:$p > r + c_l$,该假设是为了确保零售商的后备采购有利可图。

假设 3.2:$r > \dfrac{c}{a} + c_l$,该假设是为了确保零售商不使用代发货策略(即采用传统模式)时,制造商每向零售商递交一个产品的期望成本小于单位后备采购成本,从而确保常规采购总是会发生。

接下来将分别讨论如下 4 种情形下的各方决策和相应利润:情形一,无代发货和后备采购策略时的决策分析(见 3.3.1 节);情形二,有代发货策略无后备采购策略时的决策分析(见 3.3.2 节);情形三,有后备采购策略无代发货策略时的决策分析(见 3.3.3 节);情形四,有代发货策略和后备采购策略时的决策分析(见 3.3.4 节)。为区分不同情形下的变量,本章用下标 1、2、3、4 分别表示情形一、情形二、情形三和情形四。

3.3　零售商和制造商决策分析

3.3.1　无代发货和后备采购策略时的决策分析

在本节中,考虑零售商既不使用代发货策略也不使用后备采购策略的情形(情形一)。此时,零售商需决策批发单价,制造商只需决策常规采购数量。

采用逆向归纳法,先分析零售商的常规采购决策。给定制造商的批发单价 w_1(下标中的 1 是情形一的标签,下同),零售商需决策一个常规采购数量 Q_{r1} 以最大化其期望利润,即

$$\max_{Q_{r1}} \pi_1^R = aE_D[p \cdot \min(D, Q_{r1}) - w_1 Q_{r1} - c_l \cdot \min(D, Q_{r1})] \tag{3.1}$$

$$\text{s.t.} \quad Q_{r1} \geqslant 0 \tag{3.2}$$

其中,$p \cdot \min(D, Q_{r1})$ 是未发生供应中断时零售商获得的收益,$w_1 Q_{r1}$ 是零售商相应的采购成本,$c_l \cdot \min(D, Q_{r1})$ 是零售商相应的发货成本(在本节所考虑的情形中,零售商不使用代发货策略,故零售商须把产品发送给顾客),上标 R 是零售商的标签。

接下来再分析制造商的批发单价决策。制造商只需决策一个批发单价 w_1 以最大化其期望利润,即

$$\max_{w_1} \pi_1^M = aw_1 Q_{r1} - cQ_{r1} - ac_l Q_{r1} \tag{3.3}$$

其中,$aw_1 Q_{r1}$ 是制造商的期望收益,cQ_{r1} 是制造商的生产成本,$ac_l Q_{r1}$ 是制造商将产品发送给零售所产生的期望物流成本。

解上述规划,可得引理 3.1。

引理 3.1：在不使用代发货和后备采购策略的情形下（情形一），制造商最优的批发单价为

$$w_1^* = \frac{ap + c}{2a} \tag{3.4}$$

零售商最优的常规采购数量为

$$Q_{r1}^* = \frac{d(ap - 2ac_l - c)}{2a(p - c_l)} \tag{3.5}$$

证明：为解式（3.1）中的规划，需对 Q_{r1} 进行讨论：

（1）若 $Q_{r1} \leqslant d$，则

$$\min(D, Q_{r1}) = \begin{cases} D, D \leqslant Q_{r1} \\ Q_{r1}, D > Q_{r1} \end{cases}$$

此时，

$$\pi_1^R = a(p - c_l) \int_0^d \frac{\min(D, Q_{r1})}{d} \mathrm{d}D - aw_1 Q_{r1}$$

$$= a(p - c_l) \left[\int_0^{Q_{r1}} \frac{\min(D, Q_{r1})}{d} \mathrm{d}D + \int_{Q_{r1}}^d \frac{\min(D, Q_{r1})}{d} \mathrm{d}D \right] - aw_1 Q_{r1}$$

$$= a(p - c_l) \left[\int_0^{Q_{r1}} \frac{D}{d} \mathrm{d}D + \int_{Q_{r1}}^d \frac{Q_{r1}}{d} \mathrm{d}D \right] - aw_1 Q_{r1}$$

$$= -\frac{a(p - c_l)Q_{r1}^2}{2d} + a(p - w_1 - c_l)Q_{r1}$$

（2）若 $Q_{r1} > d$，则 $\min(D, Q_{r1}) = D$，此时

$$\pi_1^R = a(p - c_l) \int_0^d \frac{D}{d} \mathrm{d}D - aw_1 Q_{r1} = -aw_1 Q_{r1} + \frac{1}{2}a(p - c_l)d$$

综上，

$$\pi_1^R(Q_{r1}) = \begin{cases} -\dfrac{a(p - c_l)Q_{r1}^2}{2d} + a(p - w_1 - c_l)Q_{r1}, Q_{r1} \leqslant d \\ -aw_1 Q_{r1} + \dfrac{1}{2}a(p - c_l)d, Q_{r1} > d \end{cases}$$

不难发现上述分段函数是连续的，其第一段是关于 Q_{r1} 的凹函数且一阶条件解为 $Q_{r1} = \dfrac{d(p - w_1 - c_l)}{p - c_l}$，而第二段是关于 Q_{r1} 的减函数。又因为 $\dfrac{d(p - w_1 - c_l)}{p - c_l} < d$，因此 $\pi_1^R(Q_{r1})$ 在 $Q_{r1} = \dfrac{d(p - w_1 - c_l)}{p - c_l}$ 处取得最大值，再结合约束条件式（3.2），即得

$$Q_{r1}^* = \max\left[\frac{d(p - w_1 - c_l)}{p - c_l}, 0\right] \tag{3.6}$$

将上式代入式(3.3)得

$$\pi_1^M(w_1) = \begin{cases} \dfrac{d(w_1 + c_l - p)(c + ac_l - aw_1)}{p - c_l}, & w_1 < p - c_l \\ 0, & w_1 \geqslant p - c_l \end{cases}$$

上式第一段是凹的且一阶条件解为 $w_1 = \dfrac{ap + c}{2a}$，通过假设3.1和假设3.2不难

发现 $\dfrac{ap + c}{2a} < p - c_l$，因此 $\pi_1^M(w_1)$ 的最优解为 $w_1^* = \dfrac{ap + c}{2a}$。再将 w_1^* 代回式(3.6)，

即得式(3.5)。证毕。

根据引理3.1可知，$\dfrac{\partial w_1^*}{\partial a} = -\dfrac{c}{2a^2} < 0$ 和 $\dfrac{\partial Q_{r1}^*}{\partial a} = \dfrac{cd}{2a^2(p - c_l)} > 0$，即制造商的批发

单价 w_1^* 关于可靠性 a 单调递减，而零售商的订货量 Q_{r1}^* 关于可靠性 a 单调递增。

这是因为，制造商可靠性越低，其期望单位生产成本 $\dfrac{c}{a}$ 越高，因此制造商需要定一

个更高的价格才能确保自身的利润，而随着制造商定价的提高，零售商的订货量自

然会相应地减少。

结合式(3.1)、式(3.3)、式(3.4)和式(3.5)，可得在情形一中制造商的最优

期望利润为

$$\pi_1^{M*} = \frac{d}{4a(p - c_l)}(ap - 2ac_l - c)^2 \tag{3.7}$$

零售商的最优利润为

$$\pi_1^{R*} = \frac{d}{8a(p - c_l)}(ap - 2ac_l - c)^2$$

3.3.2 有代发货策略无后备采购策略时的决策分析

在本节中，考虑零售商使用代发货策略但不使用后备采购策略的情形(情形

二)。此时，零售商需决策批发单价，制造商只需决策常规采购数量。

采用逆向归纳法，先分析零售商的常规采购决策。给定制造商的批发单价 w_2

(下标中的2是情形二的标签，下同)，零售商需决策一个常规采购数量 Q_{r2} 以最大

化其期望利润，即

$$\max_{Q_{r2}} \pi_2^{R} = a E_D \left[p \cdot \min(D, Q_{r2}) - w_2 Q_{r2} - c_l \cdot \min(D, Q_{r2}) \right] \tag{3.8}$$

$$\text{s. t.} \quad Q_{r2} \geqslant 0$$

其中，$p \cdot \min(D, Q_{r2})$ 是未发生供应中断时零售商获得的收益，$w_2 Q_{r2}$ 是零售商相应的采购成本，$c_l \cdot \min(D, Q_{r2})$ 是零售商为制造商代发货而支付的物流成本。

接下来再分析制造商的批发单价决策。制造商只需决策一个批发单价 w_2 以最大化其期望利润，即

$$\max_{w_2} \pi_2^{M} = a w_2 Q_{r2} - c Q_{r2} \tag{3.9}$$

其中，$a w_2 Q_{r2}$ 是制造商的期望收益，$c Q_{r2}$ 是制造商的生产成本。

解上述规划，可得引理 3.2。

引理 3.2： 在使用代发货策略而不使用后备采购策略的情形下（情形二），制造商最优的批发单价为

$$w_2^{*} = \frac{ap + c - ac_l}{2a} \tag{3.10}$$

零售商最优的常规采购数量为

$$Q_{r2}^{*} = \frac{d(ap - ac_l - c)}{2a(p - c_l)} \tag{3.11}$$

证明： 采用和引理 3.1 类似的证明过程，引理 3.2 即得证。证毕。

根据引理 3.1 和 3.2，可得推论 3.1。

推论 3.1： 和情形一（即零售商既不使用代发货策略也不使用后备采购策略时）相比，代发货策略的引入会降低制造商的批发单价即 $w_2^{*} < w_1^{*}$，提高零售商的常规采购数量即 $Q_{r2}^{*} > Q_{r1}^{*}$。

证明： 由引理 3.1 和 3.2 可知，$w_2^{*} - w_1^{*} = -\dfrac{c_l}{2} < 0$ 且 $Q_{r2}^{*} - Q_{r1}^{*} = \dfrac{c_l d}{2p - 2c_l} > 0$，因此 $w_2^{*} < w_1^{*}, Q_{r2}^{*} > Q_{r1}^{*}$。证毕。

不使用代发货策略时（情形一），制造商的成本由两个部分组成：生产成本和物流成本。而代发货策略的引入（情形二）为制造商省去了物流成本，因此其批发单价降低，零售商订货量也会相应地增加。推论 3.1 的管理启示是：代发货策略的引入提升了供应链的整体效率。

结合式（3.8）、式（3.9）、式（3.10）和式（3.11），可得在情形二中制造商的最优期望利润为

$$\pi_2^{M*} = \frac{d}{4a(p - c_l)}(ap - ac_l - c)^2 \tag{3.12}$$

零售商的最优期望利润为

$$\pi_2^{R^*} = \frac{d}{8a(p-c_l)}(ap-ac_l-c)^2$$

3.3.3 有后备采购策略无代发货策略时的决策分析

在本节中,考虑零售商使用后备采购策略但不使用代发货策略的情形(情形三)。此时,制造商需决策批发单价,零售商需决策常规采购数量和后备采购数量。

采用逆向归纳法,先分析零售商的后备采购决策。给定制造商的批发单价 w_3(下标中的 3 是情形三的标签,下同),零售商的常规采购数量 Q_{r3},制造商实现后的供货成功率 δ,零售商需决策一个后备采购数量 Q_{b3} 以最大化其此时的利润 π_{b3}^R,即

$$\max_{Q_{b3}} \pi_{b3}^R = E_D[p \cdot \min(D, Q_{b3}+\delta Q_{r3}) - w_3\delta Q_{r3} - rQ_{b3} - c_l \cdot \min(D, Q_{b3}+\delta Q_{r3})]$$

$$(3.13)$$

$$\text{s.t.} \quad Q_{b3} \geq 0 \quad\quad (3.14)$$

其中,$p \cdot \min(D, Q_{b3}+\delta Q_{r3})$ 是零售商的收益,$w_3\delta Q_{r3}$ 是常规采购成本,rQ_{b3} 是后备采购成本,$c_l \cdot \min(D, Q_{b3}+\delta Q_{r3})$ 是发货成本。

接下来分析零售商的常规采购决策。给定制造商的批发单价 w_3,零售商需决策一个常规采购数量 Q_{r3} 以最大化其期望利润 π_3^R,即

$$\max_{Q_{r3}} \pi_3^R = aE_D[p \cdot \min(D, Q_{b3}+Q_{r3}) - w_3 Q_{r3} - rQ_{b3} - c_l \cdot \min(D, Q_{b3}+Q_{r3})]$$

$$+ (1-a)E_D[p \cdot \min(D, Q_{b3}) - rQ_{b3} - c_l \cdot \min(D, Q_{b3})] \quad (3.15)$$

$$\text{s.t.} \quad Q_{r3} \geq 0$$

其中,$E_D[p \cdot \min(D, Q_{b3}+Q_{r3}) - w_3 Q_{r3} - rQ_{b3} - c_l \cdot \min(D, Q_{b3}+Q_{r3})]$ 是 $\delta=1$ 时零售商的利润,$E_D[p \cdot \min(D, Q_{b3}) - rQ_{b3} - c_l \cdot \min(D, Q_{b3})]$ 是 $\delta=0$ 时零售商的利润。

最后分析制造商的批发单价决策。制造商只需决策一个批发单价 w_3 以最大化其期望利润,即

$$\max_{w_3} \pi_3^M = aw_3 Q_{r3} - cQ_{r3} - ac_l Q_{r3} \quad\quad (3.16)$$

其中,$aw_3 Q_{r3}$ 是制造商的期望收益,cQ_{r3} 是制造商的生产成本,$ac_l Q_{r3}$ 是制造商将产品发送给零售所产生的期望物流成本。

解上述规划,可得引理 3.3。

引理 3.3:在使用后备采购货策略而不使用代发货策略的情形下(情形三),制

30

造商最优的批发单价为

$$w_3^* = \begin{cases} \dfrac{ap+c}{2a}, r \geqslant \dfrac{ap+c}{2a} \\ r, r < \dfrac{ap+c}{2a} \end{cases}$$

零售商最优的常规采购数量为

$$Q_{r3}^* = \begin{cases} \dfrac{d(ap-2ac_l-c)}{2a(p-c_l)}, r \geqslant \dfrac{ap+c}{2a} \\ \dfrac{d(p-c_l-r)}{p-c_l}, r < \dfrac{ap+c}{2a} \end{cases}$$

零售商最优的后备采购数量为

$$Q_{b3}^* = \begin{cases} 0, \delta = 1 \\ \dfrac{d(p-c_l-r)}{p-c_l}, \delta = 0 \end{cases}$$

证明: 先解式(3.13)所在的规划。由于实现后的 δ 可能等于 0,也可能等于 1,因此分如下两种情况讨论:

(1)当 $\delta = 0$ 时,式(3.13)的目标函数可化为

$$\begin{aligned} \pi_{b3}^{\mathrm{R}} &= (p-c_l) \int_0^d \frac{\min(D, Q_{b3})}{d} \mathrm{d}D - rQ_{b3} \\ &= (p-c_l) \left[\int_0^{Q_{b3}} \frac{\min(D, Q_{b3})}{d} \mathrm{d}D + \int_{Q_{b3}}^d \frac{\min(D, Q_{b3})}{d} \mathrm{d}D \right] - rQ_{b3} \\ &= (p-c_l) \left[\int_0^{Q_{b3}} \frac{D}{d} \mathrm{d}D + \int_{Q_{b3}}^d \frac{Q_{b3}}{d} \mathrm{d}D \right] - rQ_{b3} \\ &= \frac{p-c_l}{2d} Q_{b3}^2 + (p-c_l-r) Q_{b3} \end{aligned}$$

显然,上式是关于 Q_{b3} 的凹函数且一阶条件解为 $Q_{b3} = \dfrac{d(p-c_l-r)}{p-c_l} > 0$,因此该一阶条件解即为 $\delta = 0$ 时的最优解。

(2)同理,当 $\delta = 1$ 时,式(3.13)的目标函数可化为

$$\begin{aligned} \pi_{b3}^{\mathrm{R}} = \frac{1}{2d} \big[&- (p-c_l) Q_{b3}^2 + 2(c_l Q_{r3} - pQ_{r3} - c_l d + pd - rd) Q_{b3} \\ &+ (c_l Q_{r3} - pQ_{r3} - 2c_l d + 2pd - 2w_3 d) Q_{r3} \big] \end{aligned}$$

显然,上式是关于 Q_{b3} 的凹函数且一阶条件解为 $Q_{b3} = \dfrac{d(p-c_l-r)}{p-c_l} - Q_{r3}$,再结

合约束条件式(3.14),可得 $\delta=1$ 时的最优解为 $Q_{b3}=\max\left[0,\dfrac{d(p-c_l-r)}{p-c_l}-Q_{r3}\right]$。

综上,零售商最优的后备采购决策为

$$Q_{b3}^{*}=\begin{cases}\max\left[0,\dfrac{d(p-c_l-r)}{p-c_l}-Q_{r3}\right],\delta=1\\[2mm]\dfrac{d(p-c_l-r)}{p-c_l},\delta=0\end{cases}\qquad(3.17)$$

将上式第一段代入式(3.15)第一项,第二段代入式(3.15)第二项,并化简得

$$\pi_3^{R}(Q_{r3})=\begin{cases}a(r-w_3)Q_{r3}+\dfrac{d(p-c_l-r)^2}{2(p-c_l)},Q_{r3}<\dfrac{(p-c_l-r)d}{p-c_l}\\[3mm]-\dfrac{a(p-c_l)Q_{r3}^2}{2d}+a(p-c_l-w_3)Q_{r3}+\dfrac{d(1-a)(p-c_l-r)^2}{2(p-c_l)},\\[3mm]Q_{r3}\geqslant\dfrac{(p-c_l-r)d}{p-c_l}\end{cases}$$

$$(3.18)$$

不难验证上述函数是连续的,而且上述函数的第二段是凹的且一阶条件解为 $Q_{r3}=\dfrac{d(p-c_l-w_3)}{p-c_l}$,为求出 π_3^{R} 的最优解,需分如下情况讨论:

(1)若 $w_3\leqslant r$,式(3.18)的第一段单调递增,第二段的一阶条件解满足 $\dfrac{d(p-c_l-w_3)}{p-c_l}\geqslant\dfrac{d(p-c_l-r)}{p-c_l}$,即第二段为单峰函数,因此 $\pi_3^{R}(Q_{r3})$ 在 $Q_{r3}=\dfrac{d(p-c_l-w_3)}{p-c_l}$ 处取得最大值。

(2)若 $w_3>r$,式(3.18)的第一段单调递减,第二段的一阶条件解满足 $\dfrac{d(p-c_l-w_3)}{p-c_l}<\dfrac{d(p-c_l-r)}{p-c_l}$,即第二段也单调递减,因此 $\pi_3^{R}(Q_{r3})$ 在 $Q_{r3}=0$ 处取得最大值。

综上,零售商最优的常规采购决策为

$$Q_{r3}^{*}=\begin{cases}\dfrac{d(p-c_l-w_3)}{p-c_l},w_3\leqslant r\\[3mm]0,w_3>r\end{cases}\qquad(3.19)$$

将上式代入式(3.16)并化简得

32

$$\pi_3^M(w_3) = \begin{cases} \dfrac{d(w_3 + c_l - p)(-aw_3 + c + ac_l)}{p - c_l}, w_3 \leq r \\ 0, w_3 > r \end{cases} \tag{3.20}$$

不难发现上述函数在 $w_3 = r$ 处不连续且 $\pi_3^M(r) > 0$；此外，上述函数的第一段是凹的且一阶条件解为 $w_3 = \dfrac{ap + c}{2a}$。因此需分如下情况讨论：

（1）若 $r \geq \dfrac{ap + c}{2a}$，则式（3.20）的第一段是单峰函数，因此 $\pi_3^M(w_3)$ 在 $w_3 = \dfrac{ap + c}{2a}$ 处取得最大值。

（2）若 $r < \dfrac{ap + c}{2a}$，则式（3.20）的第一段单调递增，因此 $\pi_3^M(w_3)$ 在 $w_3 = r$ 处取得最大值。

综上，制造商最优的批发单价决策为

$$w_3^* = \begin{cases} \dfrac{ap + c}{2a}, r \geq \dfrac{ap + c}{2a} \\ r, r < \dfrac{ap + c}{2a} \end{cases} \tag{3.21}$$

结合式（3.17）、式（3.19）和式（3.21），即得引理3.3。证毕。

引理3.3表明，在情形三中（即零售商只使用后备采购策略时），即便当制造商的批发单价和零售商的后备采购成本相同即 $w_3^* = r$ 时，零售商也会向制造商订货。这是因为，此时零售商实施常规采购和实施后备采购对利润的影响是无差异的，但是为了维护和制造商之间的长期合作关系，零售商还是更倾向于向制造商订货。而且，即使常规采购的订单最终没有送达（即发生供应中断），零售商依然能以 r 的单位成本实施后备采购。

推论3.2：和情形一（即零售商既不使用代发货策略也不使用后备采购策略时）相比，后备采购策略的引入使制造商的批发单价降低[①]即 $w_3^* \leq w_1^*$，使零售商的常规采购数量增加即 $Q_{r3}^* \geq Q_{r1}^*$。

证明：结合引理3.1和引理3.3可得

---

① 本书所说的降低（或减少），既包含终值大于初始值的情况，也包含终值大于等于初始值的情况；提升（或增加）类似，下同。

$$w_3^* - w_1^* = \begin{cases} 0, r \geq \dfrac{ap+c}{2a} \\[2mm] r - \dfrac{ap+c}{2a}, r < \dfrac{ap+c}{2a} \end{cases}$$

显然,$w_3^* - w_1^* \leq 0$ 即 $w_3^* \leq w_1^*$。同理可证,$Q_{r3}^* \geq Q_{r1}^*$。证毕。

众所周知,后备采购策略具有应对供应中断风险的作用。然而有趣的是,推论 3.2 表明后备采购策略还有降低主供应商批发单价的作用。这是因为,零售商后备采购的单位成本为 r,这就迫使制造商的批发单价不能高于 r,否则零售将放弃常规采购而直接实施后备采购。因此,后备采购策略的引入相当于零售商给制造商引入了一个竞争对手,于是制造商被迫降低批发单价,零售商相应地提高常规采购数量。

结合式(3.17)、式(3.19)和式(3.21)以及引理3.3,可得在情形三中制造商的最优期望利润为

$$\pi_3^{M*} = \begin{cases} \dfrac{d(ap - 2ac_l - c)^2}{4a(p - c_l)}, r \geq \dfrac{ap+c}{2a} \\[3mm] \dfrac{d(p - c_l - r)(ar - ac_l - c)}{p - c_l}, r < \dfrac{ap+c}{2a} \end{cases} \tag{3.22}$$

零售商的最优期望利润为

$$\pi_3^{R*} = \begin{cases} \dfrac{d(ap - 2ac_l - c)^2}{8a(p - c_l)} + \dfrac{(1-a)d(p - c_l - r)^2}{2(p - c_l)}, r \geq \dfrac{ap+c}{2a} \\[3mm] \dfrac{d(p - c_l - r)^2}{2(p - c_l)}, r < \dfrac{ap+c}{2a} \end{cases}$$

3.3.4 有代发货策略和后备采购策略时的决策分析

在本节中,考虑零售商既使用后备采购策略也使用代发货策略的情形(情形四)。此时,制造商需决策批发单价,零售商需决策常规采购数量和后备采购数量。

采用逆向归纳法,先分析零售商的后备采购决策。给定制造商的批发单价 w_4(下标中的 4 是情形四的标签,下同),零售商的常规采购数量 Q_{r4},制造商实现后的供货成功率 δ,零售商需决策一个后备采购数量 Q_{b4} 以最大化其此时的利润 π_{b4}^R,即

$$\max_{Q_{b4}} \pi_{b4}^R = E_D[p \cdot \min(D, Q_{b4} + \delta Q_{r4}) - w_4 \delta Q_{r4} - r Q_{b4} - c_l \cdot \min(D, Q_{b4} + \delta Q_{r4})]$$

$$\text{s.t.} \quad Q_{b4} \geq 0$$

其中, $p \cdot \min(D, Q_{b4} + \delta Q_{r4})$ 是零售商的收益, $w_4 \delta Q_{r4}$ 是常规采购成本, rQ_{b4} 是后备采购成本, $c_l \cdot \min(D, Q_{b4} + \delta Q_{r4})$ 是总的物流成本。

接下来分析零售商的常规采购决策。给定制造商的批发单价 w_4, 零售商需决策一个常规采购数量 Q_{r4} 以最大化其期望利润 π_4^R, 即

$$\max_{Q_{r4}} \pi_4^R = aE_D \big[p \cdot \min(D, Q_{b4} + Q_{r4}) - w_4 Q_{r4} - rQ_{b4} - c_l \cdot \min(D, Q_{b4} + Q_{r4}) \big]$$
$$+ (1-a)E_D \big[p \cdot \min(D, Q_{b4}) - rQ_{b4} - c_l \cdot \min(D, Q_{b4}) \big]$$
$$\text{s. t.} \quad Q_{r4} \geqslant 0$$

其中, $E_D \big[p \cdot \min(D, Q_{b4} + Q_{r4}) - w_4 Q_{r4} - rQ_{b4} - c_l \cdot \min(D, Q_{b4} + Q_{r4}) \big]$ 是 $\delta = 1$ 时零售商的利润, $E_D \big[p \cdot \min(D, Q_{b4}) - rQ_{b4} - c_l \cdot \min(D, Q_{b4}) \big]$ 是 $\delta = 0$ 时零售商的利润。

最后分析制造商的批发单价决策。制造商只需决策一个批发单价 w_4 以最大化其期望利润, 即

$$\max_{w_4} \pi_4^M = aw_4 Q_{r4} - cQ_{r4}$$

其中, $aw_4 Q_{r4}$ 是制造商的期望收益, cQ_{r4} 是制造商的生产成本。

解上述规划, 可得引理 3.4。

引理 3.4: 在同时使用代发货和后备采购货策略的情形下(情形四), 制造商最优的批发单价为

$$w_4^* = \begin{cases} \dfrac{ap + c - ac_l}{2a}, & r \geqslant \dfrac{ap + c - ac_l}{2a} \\[3mm] r, & r < \dfrac{ap + c - ac_l}{2a} \end{cases}$$

零售商最优的常规采购数量为

$$Q_{r4}^* = \begin{cases} \dfrac{d(ap - ac_l - c)}{2a(p - c_l)}, & r \geqslant \dfrac{ap + c - ac_l}{2a} \\[3mm] \dfrac{d(p - c_l - r)}{p - c_l}, & r < \dfrac{ap + c - ac_l}{2a} \end{cases}$$

零售商最优的后备采购数量为

$$Q_{b4}^* = \begin{cases} 0, & \delta = 1 \\[3mm] \dfrac{d(p - c_l - r)}{p - c_l}, & \delta = 0 \end{cases}$$

证明: 和引理 3.3 类似, 引理 3.4 同理可证。证毕。

推论 3.3: 与只使用代发货策略或只使用后备采购策略的情形相比, 上述两种

策略的同时使用使制造商的批发单价降低(即 $w_4^* \leqslant w_2^*$，$w_4^* \leqslant w_3^*$)，使零售商的常规采购数量增加(即 $Q_{r4}^* \geqslant Q_{r2}^*$，$Q_{r4}^* \geqslant Q_{r3}^*$)。

证明: 由于 $w_4^* = \min\left[r, \dfrac{ap+c-ac_l}{2a}\right]$，为比较 w_4^* 和 w_2^*，需分如下情况讨论:

(1)若 $c_l < \dfrac{ap-c}{3a}$，则

$$w_4^* = \begin{cases} \dfrac{ap+c-ac_l}{2a}, & r \geqslant \dfrac{ap+c-ac_l}{2a} \\[3mm] r, & r < \dfrac{ap+c-ac_l}{2a} \end{cases}$$

于是有

$$w_4^* - w_2^* = \begin{cases} 0, & r \geqslant \dfrac{ap+c-ac_l}{2a} \\[3mm] r - \dfrac{ap+c-ac_l}{2a}, & r < \dfrac{ap+c-ac_l}{2a} \end{cases}$$

和

$$w_4^* - w_3^* = \begin{cases} -\dfrac{c_l}{2}, & r \geqslant \dfrac{ap+c}{2a} \\[3mm] \dfrac{ap+c-ac_l}{2a} - r, & \dfrac{ap+c-ac_l}{2a} \leqslant r < \dfrac{ap+c}{2a} \\[3mm] 0, & r < \dfrac{ap+c-ac_l}{2a} \end{cases}$$

因此，$w_4^* \leqslant w_2^*$，$w_4^* \leqslant w_3^*$。

(2)若 $c_l \geqslant \dfrac{ap-c}{3a}$，此时根据假设 3.2 有 $r > c_l + \dfrac{c}{a} > \dfrac{ap+c-ac_l}{2a}$，因此 $w_4^* = \dfrac{ap+c-ac_l}{2a}$。于是，$w_4^* - w_2^* = 0$，

$$w_4^* - w_3^* = \begin{cases} -\dfrac{c_l}{2}, & r \geqslant \dfrac{ap+c}{2a} \\[3mm] \dfrac{ap+c-ac_l}{2a} - r, & r < \dfrac{ap+c}{2a} \end{cases}$$

因此，$w_4^* = w_2^*$，$w_4^* < w_3^*$。

综上，$w_4^* \leqslant w_2^*$，$w_4^* \leqslant w_3^*$。同理可证，$Q_{r4}^* \geqslant Q_{r2}^*$，$Q_{r4}^* \geqslant Q_{r3}^*$。证毕。

前面推论 3.1 和 3.2 表明，代发货策略或后备采购策略的引入使制造商的批

发单价降低。而推论 3.3 表明,这两种策略的同时使用将使制造商的批发单价进一步降低。这是因为,如前所述,代发货策略的使用可以降低制造商的成本,而后备采购策略的使用相当于给制造商引入了竞争对手,这两种策略都有降低制造商批发单价的作用,因此两种策略同时使用时的批发单价会低于只使用任意一种策略时的批发单价。而批发单价的降低自然会导致零售商常规采购数量的增加。

结合式(3.17)、式(3.19)和式(3.21)以及引理 3.3,可得在情形四中制造商的最优期望利润如下:

(1)若 $c_l < \dfrac{ap - c}{3a}$,则

$$\pi_4^{M*} = \begin{cases} \dfrac{d(ap - ac_l - c)^2}{4a(p - c_l)}, r \geqslant \dfrac{ap + c - ac_l}{2a} \\[4mm] \dfrac{d(p - r - c_l)(ar - c)}{p - c_l}, r < \dfrac{ap + c - ac_l}{2a} \end{cases} \tag{3.23}$$

(2)若 $c_l \geqslant \dfrac{ap - c}{3a}$,则

$$\pi_4^{M*} = \dfrac{d(ap - ac_l - c)^2}{4a(p - c_l)} \tag{3.24}$$

同理可得零售商的最优期望利润为

$$\pi_4^{R*} = \max\left[\dfrac{d(ap - ac_l - c)^2}{8a(p - c_l)} + \dfrac{(1 - a)d(p - c_l - r)^2}{2(p - c_l)}, \dfrac{d(p - c_l - r)^2}{2(p - c_l)} \right]$$

3.4 后备采购策略和代发货策略的价值

本节将探讨后备采购策略和代发货策略对制造商、零售商和整条供应链利润的影响。

命题 3.1:代发货策略的引入会增加零售商的利润即 $\pi_2^{R*} > \pi_1^{R*}$ 且 $\pi_4^{R*} \geqslant \pi_3^{R*}$,后备采购策略的引入也会增加零售商的利润即 $\pi_3^{R*} > \pi_1^{R*}$ 且 $\pi_4^{R*} > \pi_2^{R*}$。

证明:先证 $\pi_2^{R*} > \pi_1^{R*}$,由于

$$\pi_2^{R*} - \pi_1^{R*} = \dfrac{dc_l(3ac_l - 2ap + 2c)}{8(c_l - p)}$$

根据假设 3.1 和假设 3.2,不难发现 $3ac_l - 2ap + 2c < 0$ 且 $c_l - p < 0$,因此 $\pi_2^{R*} - \pi_1^{R*} > 0$ 即 $\pi_2^{R*} > \pi_1^{R*}$。

再证 $\pi_4^{R*} \geqslant \pi_3^{R*}$，当 $c_l \geqslant \dfrac{ap-c}{3a}$ 时，必有 $r \geqslant \dfrac{ap+c-ac_l}{2a}$，即 $\pi_4^{R*} = \dfrac{d(ap-ac_l-c)^2}{8a(p-c_l)} + \dfrac{(1-a)d(p-c_l-r)^2}{2(p-c_l)}$，于是

$$\pi_4^{R*} - \pi_3^{R*} = \begin{cases} \dfrac{dc_l(2ap-2c-3ac_l)}{8(p-c_l)}, & r \geqslant \dfrac{ap+c}{2a} \\[4mm] \dfrac{d(ap+c-ac_l-2ar)(3ac_l-3ap+2ar+c)}{8a(p-c_l)}, & r < \dfrac{ap+c}{2a} \end{cases}$$

根据假设 3.1 和假设 3.2 可知，上式第一段大于 0；不难发现，上式第二段关于 r 的一阶导数大于 0 即关于 r 单调递增，于是

$$\dfrac{d(ap+c-ac_l-2ar)(3ac_l-3ap+2ar+c)}{8a(p-c_l)} >$$

$$\dfrac{d\left(ap+c-ac_l-2a\dfrac{ap+c-ac_l}{2a}\right)\left(3ac_l-3ap+2a\dfrac{ap+c-ac_l}{2a}+c\right)}{8a(p-c_l)} = 0$$

因此，$\pi_4^{R*} - \pi_3^{R*} > 0$。当 $c_l < \dfrac{ap-c}{3a}$ 时，

$$\pi_4^{R*} = \begin{cases} \dfrac{dp(ap-ac_l-c)^2}{2a(2p-c_l)^2} + \dfrac{(1-a)d(p-c_l-r)^2}{2(p-c_l)}, & r \geqslant \dfrac{ap+c-ac_l}{2a} \\[4mm] \dfrac{d(p-c_l-r)^2}{2(p-c_l)}, & r < \dfrac{ap+c-ac_l}{2a} \end{cases}$$

于是

$$\pi_4^{R*} - \pi_3^{R*} = \begin{cases} \dfrac{dc_l(2ap-2c-3ac_l)}{8(p-c_l)}, & r \geqslant \dfrac{ap+c}{2a} \\[4mm] \dfrac{d(ap+c-ac_l-2ar)(3ac_l-3ap+2ar+c)}{8a(p-c_l)}, & r < \dfrac{ap+c}{2a} \\[4mm] 0, & r < \dfrac{ap+c-ac_l}{2a} \end{cases}$$

前面已证上式第一段、第二段大于 0，因此 $\pi_4^{R*} - \pi_3^{R*} \geqslant 0$。

接着证 $\pi_3^{R*} > \pi_1^{R*}$，由于

$$\pi_3^{R*} - \pi_1^{R*} = \begin{cases} \dfrac{(1-a)d(c_l+r-p)^2}{2(p-c_l)}, & r \geqslant \dfrac{ap+c}{2a} \\[4mm] \dfrac{d(c_l+r-p)^2}{2(p-c_l)} - \dfrac{d(2ac_l-ap+c)^2}{8a(p-c_l)}, & r < \dfrac{ap+c}{2a} \end{cases}$$

上式第一段显然大于0,第二段关于 r 的一阶导数小于0即关于 r 单调递减,于是

$$\frac{d(c_l+r-p)^2}{2(p-c_l)}-\frac{d(2ac_l-ap+c)^2}{8a(p-c_l)}>\frac{d\left(c_l+\dfrac{ap+c}{2a}-p\right)^2}{2(p-c_l)}-\frac{d(2ac_l-ap+c)^2}{8a(p-c_l)}$$

$$=\frac{(1-a)d(2ac_l-ap+c)^2}{8a^2(p-c_l)}>0$$

因此, $\pi_3^{R^*}-\pi_1^{R^*}>0$,即 $\pi_3^{R^*}>\pi_1^{R^*}$。

最后需证 $\pi_4^{R^*}>\pi_2^{R^*}$,当 $c_l\geqslant\dfrac{ap-c}{3a}$ 时,必有 $r\geqslant\dfrac{ap+c-ac_l}{2a}$,即 $\pi_4^{R^*}=\dfrac{d(ap-ac_l-c)^2}{8a(p-c_l)}+\dfrac{(1-a)d(p-c_l-r)^2}{2(p-c_l)}$,因此 $\pi_4^{R^*}-\pi_2^{R^*}=\dfrac{(1-a)d(c_l+r-p)^2}{2(p-c_l)}>0$。当 $c_l<\dfrac{ap-c}{3a}$ 时,

$$\pi_4^{R^*}=\begin{cases}\dfrac{dp(ap-ac_l-c)^2}{2a(2p-c_l)^2}+\dfrac{(1-a)d(p-c_l-r)^2}{2(p-c_l)},&r\geqslant\dfrac{ap+c-ac_l}{2a}\\[4mm]\dfrac{d(p-c_l-r)^2}{2(p-c_l)},&r<\dfrac{ap+c-ac_l}{2a}\end{cases}$$

于是

$$\pi_4^{R^*}-\pi_2^{R^*}=\begin{cases}\dfrac{(1-a)d(p-c_l-r)^2}{2(p-c_l)},&r\geqslant\dfrac{ap+c-ac_l}{2a}\\[4mm]\dfrac{d(p-c_l-r)^2}{2(p-c_l)}-\dfrac{d(ap-ac_l+c)^2}{8a(p-c_l)},&r<\dfrac{ap+c-ac_l}{2a}\end{cases}$$

上式第一段显然大于0,第二段关于 r 的一阶导数小于0即关于 r 单调递减,于是

$$\frac{d(p-c_l-r)^2}{2(p-c_l)}-\frac{d(ap-ac_l+c)^2}{8a(p-c_l)}>\frac{d\left(p-c_l-\dfrac{ap+c-ac_l}{2a}\right)^2}{2(p-c_l)}-\frac{d(ap-ac_l+c)^2}{8a(p-c_l)}$$

$$=\frac{(1-a)(ap-ac_l-c)^2}{8a^2(p-c_l)}>0$$

因此 $\pi_4^{R^*}-\pi_2^{R^*}>0$。证毕。

命题3.1表明,在不使用后备采购策略时(情形一和情形二),代发货策略的引入会增加零售商的利润即 $\pi_2^{R^*}>\pi_1^{R^*}$;同样,在使用后备采购策略时(情形三和情形四),代发货策略的引入也会增加零售商的利润即 $\pi_4^{R^*}\geqslant\pi_3^{R^*}$。这是因为,代发

货策略的使用可以降低制造商的成本,从而降低制造商的批发单价,之后零售商的订货量会相应地增加,于是零售商的利润增加。命题 3.1 还表明,在不使用代发货策略时(情形一和情形三),后备采购策略的引入会增加零售商的利润即 $\pi_3^{R*} > \pi_1^{R*}$;同样,在使用代发货策略时(情形二和情形四),后备采购策略的引入也会增加零售商的利润即 $\pi_4^{R*} > \pi_2^{R*}$。这是因为,后备采购策略可以应对制造商的供应中断风险。

定义

$$V_d^R = \pi_2^{R*} - \pi_1^{R*}$$

为不使用后备采购策略时代发货策略给零售商带来的价值;定义

$$V_{bd}^R = \pi_4^{R*} - \pi_3^{R*}$$

为使用后备采购策略时代发货策略给零售商带来的价值;定义

$$V_b^R = \pi_3^{R*} - \pi_1^{R*}$$

为不使用代发货策略时后备采购策略给零售商带来的价值;定义

$$V_{db}^R = \pi_4^{R*} - \pi_2^{R*}$$

为使用代发货策略时后备采购策略给零售商带来的价值。由此可得命题 3.2。

命题 3.2:对零售商而言,后备采购策略的引入使代发货策略的价值减少($V_{bd}^R \leqslant V_d^R$),即代发货策略和后备采购策略之间具有替代性。

证明:(1)当 $c_l \geqslant \dfrac{ap - c}{3a}$ 时,

$$V_{db}^R - V_b^R = \pi_4^{R*} - \pi_2^{R*} - (\pi_3^{R*} - \pi_1^{R*})$$

$$= \begin{cases} 0, r \geqslant \dfrac{ap + c}{2a} \\ \dfrac{d(ap + c - 2ar)(4ac_l - 3ap + 2ar + c)}{8a(p - c_l)}, r < \dfrac{ap + c}{2a} \end{cases} \quad (3.25)$$

由于

$$ap + c - 2ar > ap + c - 2a\frac{ap + c}{2a} = 0$$

且

$$4ac_l - 3ap + 2ar + c < 4ac_l - 3ap + 2a\frac{ap + c}{2a} + c = 0$$

因此式(3.25)第二段小于 0,于是 $\pi_4^{R*} - \pi_2^{R*} - (\pi_3^{R*} - \pi_1^{R*}) \leqslant 0$。

（2）当 $c_l < \dfrac{ap-c}{3a}$ 时，

$$V_{db}^{R} - V_{b}^{R} = \pi_4^{R*} - \pi_2^{R*} - (\pi_3^{R*} - \pi_1^{R*})$$

$$= \begin{cases} 0, r \geqslant \dfrac{ap+c}{2a} \\[2mm] \dfrac{d(ap+c-2ar)(4ac_l-3ap+2ar+c)}{8a(p-c_l)}, \dfrac{ap+c-ac_l}{2a} \leqslant r < \dfrac{ap+c}{2a} \\[2mm] \dfrac{dc_l(3ac_l-2ap+2c)}{8(p-c_l)}, r < \dfrac{ap+c-ac_l}{2a} \end{cases}$$

前面已证上式第二段小于0，而根据假设3.1和假设3.2可知，上式第三段也小于0，因此 $\pi_4^{R*} - \pi_2^{R*} - (\pi_3^{R*} - \pi_1^{R*}) \leqslant 0$。

综上，$\pi_4^{R*} - \pi_2^{R*} \leqslant \pi_3^{R*} - \pi_1^{R*}$，即 $V_{db}^{R} \leqslant V_{b}^{R}$。此外，$\pi_4^{R*} - \pi_2^{R*} \leqslant \pi_3^{R*} - \pi_1^{R*}$ 等价于 $\pi_4^{R*} - \pi_3^{R*} \leqslant \pi_2^{R*} - \pi_1^{R*}$，因此 $V_{db}^{R} \leqslant V_{d}^{R}$。根据 Lee et al.（2000）关于替代性和互补性的定义可知，代发货策略和后备采购策略之间具有替代性。证毕。

有趣的是，命题3.2表明，代发货和后备采购这两种看似无关的策略之间竟然存在替代性。这是因为，由前面的分析（推论3.1）可知，代发货策略的使用可以降低制造商的批发单价，从而使零售商增加常规采购数量即零售商更依赖于制造商，而此时如果再加入后备采购策略，这就相当于给制造商引入了一个竞争对手，则零售商对制造商的依赖减少，常规采购数量降低，因此后备采购策略的引入使代发货策略的价值减少（$V_{bd}^{R} \leqslant V_{d}^{R}$）。反过来，后备采购策略的使用可以应对供应风险，而此时如果再加入代发货策略，则制造商的批发单价降低（推论3.1），零售商的常规采购数量增加即零售商更不依赖于后备采购，因此代发货策略的引入也使后备采购策略的价值减少（$V_{db}^{R} \leqslant V_{b}^{R}$）[①]。综合上述两个方面可知，代发货策略和后备采购策略之间具有替代性。

图3.2数值模拟了命题3.2的结果（$V_{bd}^{R} \leqslant V_{d}^{R}$）。此外，从图3.2中可以发现，由于 V_{d}^{R} 是不使用后备采购策略时代发货策略给零售商带来的价值，因此 V_{d}^{R} 的值与单位后备采购成本 r 无关，即图中表现为一条直线。从图3.2中还可以看出，使用后备采购策略时，代发货策略给零售商带来的价值 V_{bd}^{R} 在 r 较小时为0，在 r 适中时单调递增，在 r 较大时恒定不变。这是因为当 r 较小时，制造商的批发单价与单位后备采购成本 r 相等（引理3.4），即此时零售商实施常规采购和后备采购是无差

---

① 根据前面的定义，$V_{bd}^{R} \leqslant V_{d}^{R}$ 即可推出 $V_{db}^{R} \leqslant V_{b}^{R}$。

异的,因此代发货策略对零售商的价值为0。当 r 适中时,制造商的批发单价小于单位后备采购成本 r,制造商实施常规采购可以获得成本优势,因此代发货策略对零售商的价值为正;而且,随着单位后备采购成本 r 的增加,零售商会减少后备采购数量并相应地增加常规采购数量,因此代发货策略对零售商的价值也会增加。当 r 较大时,零售商只实施常规采购而不实施后备采购,因此代发货策略对零售商的价值达到最大值并保持不变。图3.2还表明,$V_d^R - V_{bd}^R$ 关于 r(弱)单调递减,这意味着对零售商而言,代发货策略和后备采购策略之间的替代性随后备采购成本的增加而减弱。这是因为,随着后备采购成本的增加,零售商的后备采购数量逐渐减少,因此后备采购对代发货策略的替代性也会减弱。

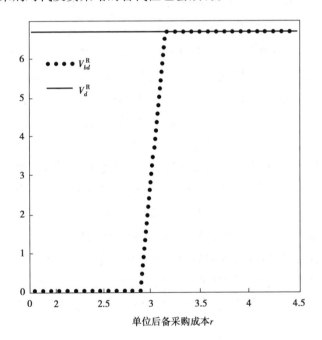

图3.2　对零售商而言后备采购和代发货策略的关系

注:参数取值为 $d = 100, c = 1, p = 5, c_l = 0.5, a = 0.8$。

命题3.3:代发货策略的引入使制造商的利润增加即 $\pi_2^{M*} > \pi_1^{M*}$ 且 $\pi_4^{M*} > \pi_3^{M*}$,后备采购策略的引入使制造商利润减少即 $\pi_3^{M*} \leqslant \pi_1^{M*}$ 且 $\pi_4^{M*} \leqslant \pi_2^{M*}$。

证明:先证 $\pi_2^{M*} > \pi_1^{M*}$,由于

$$\pi_2^{M*} - \pi_1^{M*} = \frac{dc_l(2ap - 2c - 3a_l)}{4(p - c_l)}$$

根据假设3.1和假设3.2,不难发现 $2ap - 2c - 3ac_l > 0$,因此 $\pi_2^{M*} > \pi_1^{M*}$。

再证 $\pi_4^{M*} > \pi_3^{M*}$，若 $c_l \geqslant \dfrac{ap-c}{3a}$，根据式(3.24)有

$$
\pi_4^{M*} - \pi_3^{M*} = \begin{cases} \dfrac{dc_l(2ap-2c-3ac_l)}{4(p-c_l)}, & r \geqslant \dfrac{ap+c}{2a} \\[4mm] \dfrac{d(ap-ac_l-c)^2}{4a(p-c_l)} - \dfrac{d(p-c_l-r)(ar-ac_l-c)}{p-c_l}, & r < \dfrac{ap+c}{2a} \end{cases}
$$

再根据假设 3.1 和假设 3.2 可知，上式第一段大于 0；不难发现，上式第二段关于 r 的一阶导数小于 0 即关于 r 单调递减，于是

$$
\dfrac{d(ap-ac_l-c)^2}{4a(p-c_l)} - \dfrac{d(p-c_l-r)(ar-ac_l-c)}{p-c_l} > \dfrac{d(ap-ac_l-c)^2}{4a(p-c_l)}
$$

$$
- \dfrac{d\left(p-c_l-\dfrac{ap+c}{2a}\right)\left(a\dfrac{ap+c}{2a}-ac_l-c\right)}{p-c_l} = \dfrac{dc_l(2ap-2c-3ac_l)}{4(p-c_l)} > 0
$$

因此 $\pi_4^{M*} - \pi_3^{M*} > 0$。若 $c_l < \dfrac{ap-c}{3a}$，根据式(3.23)有

$$
\pi_4^{M*} - \pi_3^{M*} = \begin{cases} \dfrac{dc_l(2ap-2c-3ac_l)}{4(p-c_l)}, & r \geqslant \dfrac{ap+c}{2a} \\[4mm] \dfrac{d(ap-ac_l-c)^2}{4a(p-c_l)} - \dfrac{d(p-c_l-r)(ar-ac_l-c)}{p-c_l}, & \dfrac{ap+c-ac_l}{2a} \leqslant r < \dfrac{ap+c}{2a} \\[4mm] \dfrac{adc_l(p-r-c_l)}{p-c_l}, & r < \dfrac{ap+c-ac_l}{2a} \end{cases}
$$

前面已证上式第一段、第二段大于 0，根据假设 3.1 可知上式第三段也大于 0；因此 $\pi_4^{M*} - \pi_3^{M*} > 0$。

接着证 $\pi_3^{M*} \leqslant \pi_1^{M*}$，由于

$$
\pi_3^{M*} - \pi_1^{M*} = \begin{cases} 0, & r \geqslant \dfrac{ap+c}{2a} \\[4mm] -\dfrac{d(ap-2ar+c)^2}{4a(p-c_l)}, & r < \dfrac{ap+c}{2a} \end{cases}
$$

因此 $\pi_3^{M*} - \pi_1^{M*} \leqslant 0$。

最后证 $\pi_4^{M*} \leqslant \pi_2^{M*}$，由于

$$
\pi_4^{M*} - \pi_2^{M*} = \begin{cases} 0, & r \geqslant \dfrac{ap+c-ac_l}{2a} \\[4mm] -\dfrac{d(ap-2ar+c-ac_l)^2}{4a(p-c_l)}, & r < \dfrac{ap+c-ac_l}{2a} \end{cases}
$$

因此,$\pi_4^{M*} - \pi_2^{M*} \leqslant 0$。证毕。

命题 3.3 表明,在不使用后备采购策略时(情形一和情形二),代发货策略的引入会增加制造商的利润即 $\pi_2^{M*} > \pi_1^{M*}$;同样,在使用后备采购策略时(情形三和情形四),代发货策略的引入也会增加制造商的利润即 $\pi_4^{M*} > \pi_3^{M*}$。这是因为,代发货策略的使用可以降低制造商的成本(为制造商省去了物流成本)。命题 3.3 还表明,在不使用代发货策略时(情形一和情形三),后备采购策略的引入会降低制造商的利润即 $\pi_3^{M*} \leqslant \pi_1^{M*}$;同样,在使用代发货策略时(情形二和情形四),后备采购策略的引入也会降低制造商的利润即 $\pi_4^{M*} \leqslant \pi_2^{M*}$。这是因为,后备采购策略的引入相当于零售商给制造商引入了一个竞争对手,从而迫使制造商降低批发单价(推论 3.2),导致制造商的利润减少。

定义

$$V_d^M = \pi_2^{M*} - \pi_1^{M*}$$

为不使用后备采购策略时代发货策略给制造商带来的价值;同样地,定义

$$V_{bd}^M = \pi_4^{M*} - \pi_3^{M*}$$

为使用后备采购策略时代发货策略给制造商带来的价值。通过比较 V_d^M 和 V_{bd}^M,可得后备采购策略的引入对代发货策略的价值的影响,见命题 3.4。

命题 3.4:对制造商而言,后备采购的引入使代发货策略的价值增加($V_{bd}^M \geqslant V_d^M$),即这两种工具之间具有互补性。

证明:由于 $V_{bd}^M - V_d^M = \pi_4^{M*} - \pi_3^{M*} - (\pi_2^{M*} - \pi_1^{M*}) = \pi_4^{M*} - \pi_2^{M*} - (\pi_3^{M*} - \pi_1^{M*})$,而根据式(3.7)、式(3.12)、式(3.22)和式(3.23),有

$$\pi_4^{M*} - \pi_2^{M*} - (\pi_3^{M*} - \pi_1^{M*}) = \begin{cases} 0, r \geqslant \dfrac{ap+c}{2a} \\ \dfrac{d(ap-2ar+c)^2}{4a(p-c_l)}, \dfrac{ap+c-ac_l}{2a} \leqslant r < \dfrac{ap+c}{2a} \\ \dfrac{dc_l(2ap-ac_l-4ar+2c)}{4(p-c_l)}, r < \dfrac{ap+c-ac_l}{2a} \end{cases}$$

不难发现,上式第二段和第三段大于 0,因此 $\pi_4^{M*} - \pi_2^{M*} - (\pi_3^{M*} - \pi_1^{M*}) \geqslant 0$,即 $V_{bd}^M \geqslant V_d^M$。根据 Lee et al.(2000)关于替代性和互补性的定义可知,对制造商而言,后备采购策略和代发货策略之间具有互补性。证毕。

对制造商而言,由于后备采购策略的引入会使其利润减少(命题 3.3)即给自己带来坏处,因此根据直觉很容易认为,后备采购策略的存在也会使代发货策略的

价值降低。然而根据命题 3.4 可知,结论恰好相反:后备采购策略的引入会使代发货策略的价值增加即 $V_{bd}^{M} \geqslant V_{d}^{M}$。这是因为,后备采购策略的引入相当于零售商给制造商引入了一个竞争对手,而竞争对手引入之后,制造商更需要借助代发货策略来降低成本以获取竞争优势,因此代发货策略的价值增加。

图 3.3 数值模拟了命题 3.4 的结果($V_{bd}^{M} \geqslant V_{d}^{M}$)。此外,从图 3.3 中可以发现,由于 V_{d}^{M} 是不使用后备采购策略时代发货策略给制造商带来的价值,因此 V_{d}^{M} 的值与单位后备采购成本 r 无关,在图中表现为一条直线。从图 3.3 中还可以看出,使用后备采购策略时,代发货策略给制造商带来的价值 V_{bd}^{M} 关于 r 先减后增。这是因为当 r 较小时,制造商会定一个恰好等于单位后备采购成本 r 的批发单价即 $w_{4}^{*} = r$(引理 3.4),此时随着 r 的增加,制造商的批发单价也增加,零售商的常规采购数量降低,于是代发货策略给制造商带来的价值减少。当 r 较大时,制造商的批发单价小于单位后备采购成本 r(引理 3.4),此时随着 r 的增加,零售商会减少后备采购数量并相应地增加常规采购数量,因此代发货策略对制造商的价值增加。图 3.3 还表明,$V_{bd}^{M} - V_{d}^{M}$ 关于 r 先减后增,这意味着对制造商而言,代发货策略和后备采购策略之间的互补性随后备采购成本的增加而先减后增。

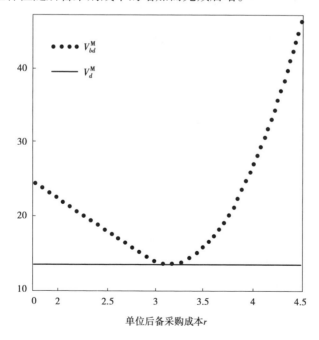

图 3.3 对制造商而言后备采购和代发货策略的关系

注:参数取值为 $d = 100$,$c = 1$,$p = 5$,$c_l = 0.5$,$a = 0.8$。

定义

$$V_d^S = \pi_2^{R*} + \pi_2^{M*} - (\pi_1^{R*} - \pi_1^{M*})$$

为不使用后备采购策略时代发货策略给整条供应链带来的价值;定义

$$V_{bd}^S = \pi_4^{R*} + \pi_4^{M*} - (\pi_3^{R*} + \pi_3^{M*})$$

为使用后备采购策略时代发货策略给整条供应链带来的价值;定义

$$V_b^S = \pi_3^{R*} + \pi_3^{M*} - (\pi_1^{R*} + \pi_1^{M*})$$

为不使用代发货策略时后备采购策略给整条供应链带来的价值;定义

$$V_{db}^S = \pi_4^{R*} + \pi_4^{M*} - (\pi_2^{R*} + \pi_2^{M*})$$

为使用代发货策略时后备采购策略给整条供应链带来的价值。由此可得命题 3.5。

命题 3.5: 对整条供应链而言,①若 $c_l \geqslant \dfrac{ap - c}{2a}$,则当 $r \geqslant \dfrac{4ac_l - ap + 3c}{2a}$ 时代发货策略和后备采购策略之间具有替代性(即 $V_{db}^S \leqslant V_b^S$, $V_{bd}^S \leqslant V_d^S$);当 $r < \dfrac{4ac_l - ap + 3c}{2a}$ 时,两种策略之间具有互补性(即 $V_{db}^S > V_b^S$, $V_{bd}^S > V_d^S$)。②若 $\dfrac{2(ap - c)}{7a} \leqslant c_l < \dfrac{ap - c}{2a}$,两种策略之间具有替代性(即 $V_{db}^S \leqslant V_b^S$, $V_{bd}^S \leqslant V_d^S$)。③若 $c_l < \dfrac{2(ap - c)}{7a}$,则当 $r \geqslant \dfrac{ac_l + 2ap + 6c}{8a}$ 时,代发货策略和后备采购策略之间具有替代性(即 $V_{db}^S \leqslant V_b^S$, $V_{bd}^S \leqslant V_d^S$);当 $r < \dfrac{ac_l + 2ap + 6c}{8a}$ 时,两种策略之间具有互补性(即 $V_{db}^S > V_b^S$, $V_{bd}^S > V_d^S$)。

证明:(1)若 $c_l \geqslant \dfrac{ap - c}{2a}$,

$$V_{db}^S - V_b^S = \begin{cases} 0, & r \geqslant \dfrac{ap + c}{2a} \\[3mm] \dfrac{d(ap + c - 2ar)(4ac_l - ap - 2ar + 3c)}{8a(p - c_l)}, & r < \dfrac{ap + c}{2a} \end{cases}$$

根据假设 3.1 和假设 3.2 不难发现 $8a(p - c_l) > 0$ 且 $ap + c - 2ar > 0$。由于 $\dfrac{4ac_l - ap + 3c}{2a} < \dfrac{ap + c}{2a}$,因此分如下情况讨论:当 $r \geqslant \dfrac{4ac_l - ap + 3c}{2a}$ 时,有 $4ac_l - ap - 2ar + 3c \leqslant 0$,即 $V_{db}^S - V_b^S \leqslant 0$,于是 $V_{db}^S \leqslant V_b^S$,同时它也等价于 $V_{bd}^S \leqslant V_d^S$,因此根据 Lee et al.(2000)关于替代性和互补性的定义可知,代发货策略和后备采购策略之间具有

替代性;当 $r < \dfrac{4ac_l - ap + 3c}{2a}$ 时,有 $4ac_l - ap - 2ar + 3c > 0$,即 $V_{db}^S - V_b^S > 0$,于是 $V_{db}^S >$ V_b^S,同时它也等价于 $V_{bd}^S > V_d^S$,因此根据 Lee et al. (2000) 关于替代性和互补性的定义可知,代发货策略和后备采购策略之间具有互补性。

(2)若 $\dfrac{2(ap-c)}{7a} \leqslant c_l < \dfrac{ap-c}{2a}$,分如下两种情况讨论:

① 当 $\dfrac{ap-c}{3a} \leqslant c_l < \dfrac{ap-c}{2a}$ 时,

$$V_{db}^S - V_b^S = \begin{cases} 0, r \geqslant \dfrac{ap+c}{2a} \\ \dfrac{d(ap+c-2ar)(4ac_l-ap-2ar+3c)}{8a(p-c_l)}, r < \dfrac{ap+c}{2a} \end{cases}$$

由于 $r > \dfrac{c}{a} + c_l > \dfrac{4ac_l - ap + 3c}{2a}$,故 $4ac_l - ap - 2ar + 3c < 0$,即 $V_{db}^S - V_b^S \leqslant 0$,于是 $V_{db}^S \leqslant$ V_b^S,同时它也等价于 $V_{db}^S \leqslant V_d^S$,因此代发货策略和后备采购策略之间具有替代性。

② 当 $\dfrac{2(ap-c)}{7a} \leqslant c_l < \dfrac{ap-c}{3a}$ 时,

$$V_{db}^S - V_b^S = \begin{cases} 0, r \geqslant \dfrac{ap+c}{2a} \\ \dfrac{d(ap+c-2ar)(4ac_l-ap-2ar+3c)}{8a(p-c_l)}, \dfrac{ap+c-ac_l}{2a} \leqslant r < \dfrac{ap+c}{2a} \\ \dfrac{dc_l(ac_l+2ap+6c-8ar)}{8(p-c_l)}, r < \dfrac{ap+c-ac_l}{2a} \end{cases}$$

对于上式的第二段,不难发现 $r \geqslant \dfrac{ap+c-ac_l}{2a} > \dfrac{4ac_l-ap+3c}{2a}$,即 $4ac_l - ap -$ $2ar + 3c < 0$;对于上式第三段,不难发现 $r > \dfrac{c}{a} + c_l > \dfrac{ac_l + 2ap + 6c}{8a}$,即 $ac_l + 2ap +$ $6c - 8ar < 0$。因此 $V_{db}^S \leqslant V_b^S$,同时它也等价于 $V_{bd}^S \leqslant V_d^S$,即代发货策略和后备采购策略之间具有替代性。

(3)若 $c_l < \dfrac{2(ap-c)}{7a}$,

$$V_{db}^S - V_b^S = \begin{cases} 0, r \geqslant \dfrac{ap+c}{2a} \\[2mm] \dfrac{d(ap+c-2ar)(4ac_l-ap-2ar+3c)}{8a(p-c_l)}, \dfrac{ap+c-ac_l}{2a} \leqslant r < \dfrac{ap+c}{2a} \\[2mm] \dfrac{dc_l(ac_l+2ap+6c-8ar)}{8(p-c_l)}, r < \dfrac{ap+c-ac_l}{2a} \end{cases}$$

$$(3.26)$$

前面已证上式第二段小于 0,由于 $\dfrac{ac_l+2ap+6c}{8a} < \dfrac{ap+c-ac_l}{2a}$,因此需分情况讨论。当 $r \geqslant \dfrac{ac_l+2ap+6c}{8a}$ 时,$ac_l+2ap+6c-8ar \leqslant 0$,即式(3.26)第三段小于 0,而第二段又小于 0,因此 $V_{db}^S \leqslant V_b^S$,同时它也等价于 $V_{bd}^S \leqslant V_d^S$,即代发货策略和后备采购策略之间具有替代性;当 $r < \dfrac{ac_l+2ap+6c}{8a}$ 时,$ac_l+2ap+6c-8ar > 0$,而此时

$$V_{db}^S - V_b^S = \frac{dc_l(ac_l+2ap+6c-8ar)}{8(p-c_l)} > 0$$

因此 $V_{db}^S > V_b^S$,同时它也等价于 $V_{bd}^S > V_d^S$,即代发货策略和后备采购策略之间具有互补性。证毕。

图 3.4 直观地展示了命题 3.5 背后的含义:对整条供应链而言,代发货和后备采购策略之间既可能存在替代性也可能存在互补性。这是因为,对零售商而言,这两种策略之间具有替代性(命题 3.2);对制造商而言,这两种策略之间具有互补性(命题 3.4);对整条供应链而言,这两种策略之间的关系取决于上述替代和互补性的强弱。具体而言,较低的后备采购成本,相当于给制造商引入了一个强劲的竞争对手,此时制造商迫切需要通过代发货策略来降低自身的成本以维持竞争优势,即后备采购策略对代发货策略的价值的增强作用较大,故这两种策略对制造商的互补性较强;而较高的物流成本使代发货策略对制造商成本的降低作用更明显,即上述互补性将变得更强。因此,当物流成本较高且后备采购成本较低时(图 3.4 右下角),这两种策略对制造商的互补性在供应链中占主导地位,即这两种策略对整条供应链也具有互补性。由上面的分析可知,较低的后备采购成本下,这两种策略对制造商的互补性较强;而较低的物流成本使代发货策略对零售商的价值较小,因此后备采购策略的存在对该价值的削弱作用也较小,即这两种策略对零售商的替代性较弱。因此,当物流成本较低且后备采购成本较低时(图 3.4 左下角),上述互补

性强于替代性,即这两种策略对整条供应链具有互补性。在其他情况下(图3.4中除左下角和右下角之外的其他区域),这两种策略对零售商的替代性较强,该替代性在供应链中占主导地位,因此这两种策略对整条供应链具有替代性。

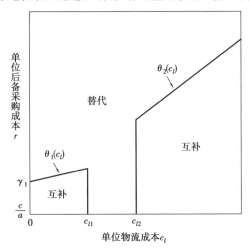

图3.4 对整条供应链而言代发货和后备采购策略之间的关系

注:$c_{l1} = \dfrac{2(ap-c)}{7a}$;$c_{l2} = \dfrac{ap-c}{2a}$;$r_1 = \dfrac{2ap+6c}{8a}$;$\theta_1(c_l) = \dfrac{ac_l + 2ap + 6c}{8a}$,其中$c_l < c_{l1}$;$\theta_2(c_l) = \dfrac{4ac_l - ap + 3c}{8a}$,其中$c_l \geqslant c_{l2}$。

3.5 本章小结

本章在考虑供应中断风险的情形下,探讨了线上零售商(供应链核心企业)同时采用代发货与后备采购策略时的最优订货决策,以及制造商的最优批发单价决策,分析了代发货和后备采购这两种策略各自的价值,研究了这两种策略之间的替代或互补关系。研究发现,不论是后备采购策略还是代发货策略的引入都会降低制造商的批发单价,提高零售商的常规采购数量。对零售商而言,代发货策略和后备采购策略的引入都能增加其利润,且这两种策略之间具有替代性。对上游制造商而言,代发货策略的引入使其利润增加,后备采购策略的引入使其利润减少,但这两种策略之间具有互补性。对整条供应链而言,当物流成本较低或较高且后备采购成本较低时,代发货和后备采购策略之间具有互补性;而其他情况下,这两种策略之间具有替代性。

本研究将为企业的运作实践带来重要的管理启示。虽然代发货策略可以降低成本,后备采购策略可以应对风险,但是当零售商同时使用这两种策略时,效果可能没有预期的那么好,因为这两种策略对零售商而言具有替代性。尽管后备采购策略的引入使制造商利润减少,但是当零售商同时使用代发货和后备采购策略时,对制造商的损害并没有预期的那么大,因为这两种策略对制造商而言具有互补性。对整条供应链而言,当物流成本较低或较高且后备采购成本较低时,同时使用代发货和后备采购策略可以产生很好的效果,因为此时这两种策略具有互补性;而在其他情况下,同时使用这两种策略的效果并没有预期的那么好,因为此时这两种策略之间具有替代性。

4 上游产能风险下供应链 产品竞争与供货合作研究

4.1 引 言

自然灾害(如海啸、台风、地震等)、政治动荡、恐怖袭击、工人罢工、技术故障、财务问题、原材料短缺、人员流动等各种各样的潜在因素都可能削弱供应商的生产能力,造成随机产能风险(Qin et al.,2014;Tan et al.,2016)。在运作实践中,当企业面临上游的随机产能风险同时又没有其他风险应对方式时,企业与竞争对手进行合作以获得额外的产能和补货渠道是制造行业中十分常见的一种做法。比如2009年,奔驰母公司戴姆勒向深陷供应链危机的特斯拉提供了包括安全气囊、传感器和悬架在内的众多汽车零部件(Gentlemanz,2017)。又比如2013年,当主供应商夏普和LG在产能上遇到问题时,苹果公司迅速转向它们的对手三星采购部分7.9英寸视网膜面板(AppleInsider,2013)。而且,近年来这两家全球最大的智能手机制造商之间的合作还呈现趋于紧密的态势。在2017年,苹果有超过一半的零部件由三星供应,其中就包括显示屏和存储芯片等核心零部件。这是因为,三星作为一个具有全产业链优势的科技巨头,其在显示器、存储芯片等高技术领域处于全球主导地位,因此尽管苹果习惯从多家厂商采购零部件,但它还需要三星这个稳定的供应商,以确保产能的可靠性(Forbes,2016;Techweb,2017)。类似的现象还存在于索尼与东芝(Toshiha)、奔迈(Palm)与戴尔等国际知名企业上。因此,受大量现实案例的启发,本章将致力于研究考虑随机产能风险的供应链产品竞争与供货合作问题。

既往研究中,有两个流派的文献和本章直接相关。第一个流派的文献关注的是随机产能风险管理问题。Hsieh & Wu(2008)研究了由一个零售商、一个制造商和一个具有随机产能风险的供应商组成的供应链的协调问题,比较了3种不同的

51

协调模型——供应商和制造商协调、制造商和零售商协调，以及三方协调，发现有供应商参与的协调模型可以缓解随机产能风险造成的损失。Feng & Shi(2012)探讨了企业面对供应商随机产能风险时的多源采购策略和产品定价问题，求出了依赖于当前库存水平的供应商选择、订货数量和产品定价最优决策。Li et al.(2013)比较了(产品)外生价格和内生定价模式下零售商面对两个具有随机产能风险的供应商时的采购决策问题，并发现内生定价模式下每个供应商都可以通过改善自身可靠性的方式获得更多的订单，但外生价格模式下这样的情况不一定会发生。Qin et al.(2014)分析了采购的多源化对激励的扭曲效应：当零售商只向一个具有随机产能风险的供应商采购时，供应商对可靠性的改善会增加自己的利润，而当供应端变成两个供应商且这两个供应商之间存在批发单价竞争时，供应商对自身可靠性的改善不一定会使自己受益。钱佳和骆建文(2014)分析了由一个零售商、一个主供应商和一个后备供应商组成的供应链系统，其中主供应商有随机产能风险，后备供应商完美可靠，为降低供应风险，零售商可以向供应商提供支持，研究发现，零售商对主供应商的支持强化了两个供应商之间的竞争，提升了零售商的利润。Qi et al.(2015)研究了两个具有竞争关系的制造商共用一个具有随机产能风险的供应商时的产能投资决策，研究发现，任意一个制造商对供应商的产能投资都会让对手存在"搭便车"的行为，这种现象会使两个制造商之间的竞争加剧，并反过来抑制制造商的产能投资。Li & Arreola-Risa(2017)研究了一个追求公司价值(Firm Value)最大化的企业面对供应商的随机产能风险时的采购决策问题，其中公司价值采用资本性资产定价模型(Capital Asset Pricing Model)进行评估，研究发现，公司价值依赖于产能的均值和方差，但是最优订货量却与产能的均值、方差无关。

第二个流派的文献关注的是两条供应链之间的竞合问题。Kafi & Ghomi(2014)探讨了两个相互竞争的企业之间的成本削减合作并发现，对任何一个企业而言，这种竞合关系都优于纯粹的竞争关系，该结论也进一步验证了之前的一些实证研究(Bengtsson & Kock,2000;Gnyawali et al.,2006)的结果。Pun(2014)在霍特林模型(Hotelling Model)框架下研究了一个原始设备制造商(Original Equipment Manufacturer,OEM)和一个集成制造商(Vertically Integrated Manufacturer,VIM)之间的竞争问题，其中原始设备制造商既要决定向独立供应商还是向竞争对手采购零部件，还要决定由自己还是零件供应企业付出努力以提升质量，结果显示，原始设备制造商既可能向对手采购也可能向独立供应商采购，而且即使对手的努力成本更高,向对手采购的情况依然可能发生。Niu et al.(2015)在伯川德模型(Bertrand Model)框架下研究了一个原始设备制造商和一个集成制造商之间的竞争问题,其中两个制造商生产的产品有一定差异,原始设备制造商可以向供应商和竞争对手分别采购部分零件以制造产品,研究发现,在均衡状态下,原始设备制造商不会向供应商采购任何零件即便其拥有更低的批发单价,两个制造商之间的供货合作总是会达成且没有任何一个制造商愿意背离这种合作,因为这种合作会削弱竞争强度并形成一种共谋均衡。Luo et al.(2016)研究了碳排放总量管制政策下生产竞争性产品的两个制造商在碳排放方面的合作问题,并发现相对于纯粹的竞争关系而言,竞合关系会导致更高的利润和更低的碳排放。Hafezalkotob(2017)研究了政府税收干预下两条供应链的竞争-合作问题,其中每条供应链都包括一个制造商和一个零售商,两条链的零售商之间进行产品的价格竞争,而制造商之间进行节能合作,结果显示,相对于纯粹的供应链竞争而言,竞合关系可以增加系统利润,而且增加的利润可以用夏普利法在供应链间公平地分配。

既往文献关于在供应风险环境下探讨供应链竞合的研究还没有。因此,理论上亟待解决的科学问题是,在考虑上游供应风险的情形下,两个企业之间的竞争与合作能否共存? 如果可以,在怎样的条件下能共存,在怎样的条件下只竞争不合作? 两个制造商之间的合作对竞争的强度有怎样的影响? 为回答这些科学问题,本章研究了一个原始设备制造商(Original Equipment Manufacturer,OEM)面对上游供应商的随机产能风险时,与竞争对手之间的供货合作问题,求出了原始设备制造商的常规采购数量决策、对手的投产数量决策、供货合作时对手(对于零件)的批发单价决策和原始设备制造商的补货数量决策,分析了合作对竞争的影响。

4.2 模型描述

考虑两个具有竞争关系的制造商 M1 和 M2 生产某种产品以满足市场需求,其中 M2 既可以制造零件也可以制造产品(称为"集成制造商"),而 M1 则需从外部采购零件以制造产品(称为"原始设备制造商")。图 4.1 刻画了 M1 和 M2 之间的关系。

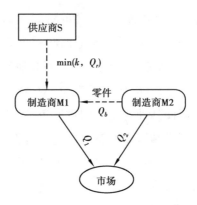

图 4.1　供应链结构①

为生产的需要,制造商 M1 需向一个长期合作的供应商 S 采购一种关键零部件,单位采购成本为 c_1。不失一般性,设每单位产品需要一单位的该零件(Pun,2014)。采购时,制造商 M1 需决定订货量 Q_r,为方便表述,称 Q_r 为常规采购数量。然而,受自然灾害(如海啸、台风、地震)、人为原因(如政治动荡、恐怖袭击、工人罢工、人员流动)、技术故障、资金不足、原材料短缺等潜在因素的影响(Qin et al. ,2014;Tan et al. ,2016),供应商 S 面临随机产能风险,设 S 的产能为 k 且 k 服从 $[0,a]$ 上的均匀分布(Hsieh & Wu,2008;Yan & Wang,2013;Qi et al. ,2015),因此 S 能交付的零件数量为 $\min(k, Q_r)$。从事前来看,供应商 S 的产能的期望值为 $\frac{a}{2}$,这意味着 a 越大,S 能提供的期望产能越多即 S 越可靠,因此称 a 为供应商 S 的可靠性。

制造商 M2 是一个垂直一体化企业(如三星集团),可以自己生产该零件。由于资金充足,投产规模大,M2 拥有足够的产能,但生产零件时的单位生产成本 c_2 很高,设 $c_2 > c_1$ 且不失一般性地将 c_1 标准化为 0(Kuksov & Lin,2010)。M2 需决策用以生产自己的产品所需要的零件数量 Q_2,为方便表述,称 Q_2 为 M2 的投产数量。

由于产品的生产提前期很长,在供应商 S 的随机产能实现之后,原始设备制造商 M1 可以向对手 M2 再采购部分零部件以应对 S 的不可靠,即竞争对手之间可以进行供货合作(如引言中提到的苹果和三星、特斯拉和戴姆勒的做法)。此时,集成制造商 M2 先给出批发单价 w,原始设备制造商 M1 决定补货数量 Q_b。由于 M2

———————————

①　事实上,制造商 M2 可以看成是一条集成供应链,因此图 4.1 表示的是两条供应链之间的竞争与合作问题。

一阶条件解中,$Q_r^N = \dfrac{D - Q_2^N}{2}$ 是极大值点,$Q_r^N = a$ 是极小值点,因此 $E_k(\pi_1^N)$ 在 $Q_r^* = \dfrac{D - Q_2^N}{2}$ 处取得最大值。结合上述结果得到制造商 M1 的最适反应函数为

$$Q_r^{N*} = \min\left(a, \frac{D - Q_2^N}{2}\right) \tag{4.3}$$

M2 的目标函数可进行如下化简:

$$\begin{aligned}
E_k(\pi_2^N) &= \int_0^a \left[(D - Q_1^N - Q_2^N)Q_2^N - c_2 Q_2^N \right] \cdot \frac{1}{a}\mathrm{d}k \\
&= \int_0^{Q_r^N} \left[(D - Q_1^N - Q_2^N)Q_2^N - c_2 Q_2^N \right] \cdot \frac{1}{a}\mathrm{d}k \\
&\quad + \int_{Q_r^N}^a \left[(D - Q_1^N - Q_2^N)Q_2^N - c_2 Q_2^N \right] \cdot \frac{1}{a}\mathrm{d}k \\
&= \int_0^{Q_r^N} \left[(D - k - Q_2^N)Q_2^N - c_2 Q_2^N \right] \cdot \frac{1}{a}\mathrm{d}k \\
&\quad + \int_{Q_r^N}^a \left[(D - Q_r^N - Q_2^N)Q_2^N - c_2 Q_2^N \right] \cdot \frac{1}{a}\mathrm{d}k \\
&= -(Q_2^N)^2 + \frac{(Q_r^N)^2 - 2aQ_r^N + 2a(D - c_2)}{2a}Q_2^N
\end{aligned}$$

其一阶条件解为

$$Q_2^N = \frac{(Q_r^N)^2 - 2aQ_r^N + 2a(D - c_2)}{4a}$$

结合约束条件,即得制造商 M2 的最适反应函数为

$$Q_2^{N*} = \max\left[\frac{(Q_r^N)^2 - 2aQ_r^N + 2a(D - c_2)}{4a}, 0\right] \tag{4.4}$$

联立求解式(4.3)和式(4.4),即得命题 4.1。证毕。

图 4.3 直观地显示了命题 4.1 中的结论:当 M2 的成本较高$\left(c_2 > \dfrac{D}{2}\right)$且 S 的可靠性较高($a > \lambda_1$)时,制造商 M1 将独占市场;否则,整个市场将被两个制造商瓜分。这是因为,当 M2 的成本较高且 M1 上游的可靠性较高时,供应风险对 M1 的影响很小而 M2 的成本劣势却很明显,因此 M2 被挤出市场。在其他条件下,M1 和 M2 之间势均力敌,任何一方都无法完全击败对手,因此整个市场被二者瓜分。

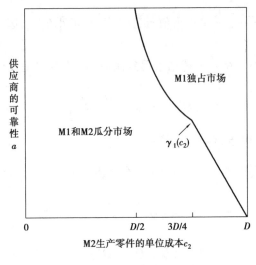

图4.3　竞争的结果

$$\text{注}: \gamma_1(c_2) = \begin{cases} \dfrac{D^2}{8c_2 - 4D}, & \dfrac{D}{2} < c_2 < \dfrac{3D}{4} \\[3mm] 2(D - c_2), & c_2 \geqslant \dfrac{3D}{4} \end{cases} \text{。}$$

4.4　竞争对手之间存在合作选项时的决策分析

本节将分析竞争对手之间存在合作选项时各方的最优决策。接下来,采用逆向归纳法求解该动态博弈的均衡,即先求解 M1 的补货决策问题(见4.4.1节),再求解 M2 的批发单价决策问题(见4.4.2节),最后求解 M1 和 M2 的数量决策(见4.4.3节)。

4.4.1　原始设备制造商的补货决策

给定原始设备制造商 M1 的常规采购数量 Q_r,集成制造商 M2 的投产数量 Q_2,供应商 S 实现后的产能 k,M2 的批发单价 w,M1 需决策向对手补货的数量 Q_b:

$$\max_{Q_b} \pi_1 = (D - Q_1 - Q_2)Q_1 - wQ_b \tag{4.5}$$

$$\text{s.t.} \quad Q_b \geqslant 0 \tag{4.6}$$

其中,$Q_1 = \min(k, Q_r) + Q_b$。解上述规划,可得引理4.1。

引理4.1:给定制造商 M1 的常规采购数量 Q_r,制造商 M2 的投产数量 Q_2,供应商 S 实现后的产能 k,制造商 M2 的批发单价 w,M1 的最优补货数量为

$$Q_b^* = \max\left[\frac{D - Q_2 - 2Q_0 - w}{2}, 0\right]$$

其中，$Q_0 = \min(k, Q_r)$。

证明：令 $Q_0 = \min(k, Q_r)$，于是式(4.5)的目标函数可整理为

$$\pi_1 = -Q_b^2 + (D - Q_2 - 2Q_0 - w)Q_b + Q_0(D - Q_2 - Q_0)$$

显然它是一个关于 Q_b 的凹函数，且一阶条件解为 $Q_b = \dfrac{D - Q_2 - 2Q_0 - w}{2}$，结合

约束条件式(4.6)，可得 M1 的最优补货数量为 $Q_b^* = \max\left(\dfrac{D - Q_2 - 2Q_0 - w}{2}, 0\right)$。

证毕。

引理 4.1 表明，

$$Q_b^* = \begin{cases} \dfrac{D - Q_2 - 2Q_0 - w}{2}, & w < D - Q_2 - 2Q_0 \\ 0, & w \geq D - Q_2 - 2Q_0 \end{cases} \tag{4.7}$$

即当对手(即集成制造商 M2)的批发单价较高时，制造商 M1 不会从对手那里补货，因为过高的批发单价使补货变得无利可图；当对手的批发单价较低时，两个制造商之间的供货合作将会发生。

4.4.2 集成制造商的批发单价决策

给定原始设备制造商 M1 的常规采购数量 Q_r，集成制造商 M2 的投产数量 Q_2，供应商 S 实现后的产能 k，制造商 M2 需决策向对手供货时的批发单价 w：

$$\max_w \pi_2 = (D - Q_2 - Q_1)Q_2 + wQ_b - c_2(Q_b + Q_2) \tag{4.8}$$

解上述规划，可得引理 4.2。

引理 4.2：给定制造商 M1 的常规采购数量 Q_r，制造商 M2 的投产数量 Q_2，供应商 S 实现后的产能 k，M2 最优的批发单价决策为

$$w^* = \min\left(\frac{D + c_2 - 2Q_0}{2}, D - Q_2 - 2Q_0\right)$$

其中，$Q_0 = \min(k, Q_r)$。

证明：将式(4.7)代入式(4.8)的目标函数得

$$\pi_2 = \begin{cases} -\dfrac{1}{2}w^2 + \dfrac{D + c_2 - 2Q_0}{2}w - \dfrac{Q_2}{2}\left[Q_2 - (D - c_2)\right] - \dfrac{c_2}{2}(D - 2Q_0), & w \leq D - Q_2 - 2Q_0 \\ Q_2(D - Q_0 - Q_2 - c_2), & w > D - Q_2 - 2Q_0 \end{cases}$$

显然 π_2 是一个连续函数,而且上式第一段是凹的且一阶条件解为 $w = \dfrac{D + c_2 - 2Q_0}{2}$。为方便表述,令 $n = D - Q_2 - 2Q_0, m = \dfrac{D + c_2 - 2Q_0}{2}$。接下来分如下情况讨论。

（1）若 $Q_0 < \dfrac{D - c_2 - 2Q_2}{2}$,则

$$m - n = \frac{1}{2}c_2 - \frac{1}{2}D + Q_0 + Q_2 < \frac{1}{2}c_2 - \frac{1}{2}D + \frac{D - c_2 - 2Q_2}{2} + Q_2 = 0$$

即 $m < n$,这意味着 π_2 的第一段是一个单峰函数,第二段是一个常数,因此 $w^* = m$。

（2）若 $Q_0 \geqslant \dfrac{D - c_2 - 2Q_2}{2}$,则

$$m - n = \frac{1}{2}c_2 - \frac{1}{2}D + Q_0 + Q_2 \geqslant \frac{1}{2}c_2 - \frac{1}{2}D + \frac{D - c_2 - 2Q_2}{2} + Q_2 = 0$$

即 $m \geqslant n$,这意味着 π_2 的第一段单调递增,第二段是一个常数,因此 $w^* = w_0$,其中 w_0 为大于等于 n 的任意值,为简单起见,此处不妨取 $w_0 = n$,因此 $w^* = n$。

综上,

$$w^* = \begin{cases} m, Q_0 < \dfrac{D - c_2 - 2Q_2}{2} \\ n, Q_0 \geqslant \dfrac{D - c_2 - 2Q_2}{2} \end{cases}$$

即 $w^* = \min\left[\dfrac{D + c_2 - 2Q_0}{2}, D - Q_2 - 2Q_0\right]$。证毕。

根据引理 4.1 和 4.2 可得表 4.2。表 4.2 表明,当原始设备制造商 M1 在常规采购中获得的数量较少（即 $Q_0 < \dfrac{D - c_2 - 2Q_2}{2}$）时,集成制造商 M2 会给一个较低的批发单价,M2 将确定一个正的补货数量;当 M1 在常规采购中获得的数量较多（即 $Q_0 \geqslant \dfrac{D - c_2 - 2Q_2}{2}$）时,M2 会给一个较高的批发单价,于是 M1 将不会向对手补货。这是因为,若 M1 在常规采购中获得的数量较少,两个制造商之间的竞争强度较小,此时 M2 向对手提供帮助对自己的损害较小,却能够通过先动优势（即批发单价决策）从合作中获取较多的收益,因此合作将会发生;若 M1 在常规采购中获得的数量较多,两个制造商之间的竞争强度较大,此时 M2 向对手提供帮助对自己的损害很大,因此 M2 会定一个较高的批发单价使对手的补货无利可图,从而阻止合

作的发生。

表 4.2　w^* 和 Q_b^* 的值

条　件	$Q_0 < (D - c_2 - 2Q_2)/2$	$Q_0 \geqslant (D - c_2 - 2Q_2)/2$
w^*	$(D + c_2 - 2Q_0)/2$	$D - Q_2 - 2Q_0$
Q_b^*	$(D - 2Q_0 - 2Q_2 - c_2)/4$	0

4.4.3　原始设备制造商和集成制造商的数量决策

接下来分析制造商 M1 的常规采购数量（Q_r）决策,以及制造商 M2 的投产数量（Q_2）决策,其中 M1 和 M2 的决策同时进行。

给定 M2 的投产数量 Q_2,M1 需决策常规采购数量 Q_r 以最大化自己的期望利润:

$$\max_{Q_r} E_k(\pi_1) = E_k\left[(D - Q_1 - Q_2)Q_1 - w^* Q_b^* \right] \qquad (4.9)$$

$$\text{s. t.}\quad 0 \leqslant Q_r \leqslant a$$

其中,$Q_1 = Q_0 + Q_b^*$,$Q_0 = \min(k, Q_r)$。

解上述规划,得引理 4.3。

引理 4.3:给定制造商 M2 的投产数量 Q_2,制造商 M1 常规采购时的最适反应函数为

$$Q_r^* = \min\left(a, \frac{D - Q_2}{2} \right) \qquad (4.10)$$

证明:由于 $Q_0 = \min(k, Q_r)$,根据表 4.2 可得表 4.3。

表 4.3　w^* 和 Q_b^* 的值

条　件	$Q_r < (D - c_2 - 2Q_2)/2$	$Q_r \geqslant (D - c_2 - 2Q_2)/2$	
		$k < (D - c_2 - 2Q_2)/2$	$k \geqslant (D - c_2 - 2Q_2)/2$
w^*	$(D + c_2 - 2Q_0)/2$	$(D + c_2 - 2Q_0)/2$	$D - Q_2 - 2Q_0$
Q_b^*	$(D - 2Q_0 - 2Q_2 - c_2)/4$	$(D - 2Q_0 - 2Q_2 - c_2)/4$	0

由于 $k \in [0, a]$ 且无法确定 $\dfrac{D - c_2 - 2Q_2}{2}$ 是否在区间 $[0, a]$ 内,故需分如下情况讨论:

（1）若 $\dfrac{D-c_2-2Q_2}{2} \le 0$ 即 $Q_2 \ge \dfrac{D-c_2}{2}$，则有 $Q_r \ge \dfrac{D-c_2-2Q_2}{2}, k \ge \dfrac{D-c_2-2Q_2}{2}$。

根据表 4.3 可知，$w^* = D - Q_2 - 2Q_0, Q_b^* = 0$，此时式（4.9）的目标函数可进行如下化简：

$$E_k(\pi_1) = E_k[-Q_0^2 + (D-Q_2)Q_0]$$

$$= \int_0^a [-Q_0^2 + (D-Q_2)Q_0] \cdot \frac{1}{a} \mathrm{d}k$$

$$= \int_0^{Q_r} [-k^2 + (D-Q_2)k] \cdot \frac{1}{a} \mathrm{d}k + \int_{Q_r}^a [-Q_r^2 + (D-Q_2)Q_r^2] \cdot \frac{1}{a} \mathrm{d}k$$

$$= \frac{2}{3a}Q_r^3 - \frac{D-Q_2+2a}{2a}Q_r^2 + (D-Q_2)Q_r$$

上式和式（4.2）完全相同，因此同理可得，$Q_r^* = \min\left[a, \dfrac{D-Q_2}{2}\right]$。

（2）若 $0 < \dfrac{D-c_2-2Q_2}{2} \le a$ 即 $\dfrac{D-c_2-2a}{2} \le Q_2 < \dfrac{D-c_2}{2}$，此时无法确定 Q_r 和

$\dfrac{D-c_2-2Q_2}{2}$ 之间的大小，故需分如下情况讨论：

① 当 $Q_r < \dfrac{D-c_2-2Q_2}{2}$ 时，由表 4.3 可知 $w^* = \dfrac{D+c_2-2Q_0}{2}, Q_b^* = $

$\dfrac{D-2Q_0-2Q_2-c_2}{4}$，此时式（4.9）的目标函数可进行如下化简：

$$E_k(\pi_1) = E_k\left[-\frac{3}{4}Q_0^2 + \frac{3D-2Q_2+c_2}{4}Q_0 + \frac{(D-2Q_2-c_2)^2}{16}\right]$$

$$= \int_0^a \left[-\frac{3}{4}Q_0^2 + \frac{3D-2Q_2+c_2}{4}Q_0 + \frac{(D-2Q_2-c_2)^2}{16}\right] \cdot \frac{1}{a} \mathrm{d}k$$

$$= \int_0^{Q_r} \left[-\frac{3}{4}k^2 + \frac{3D-2Q_2+c_2}{4}k + \frac{(D-2Q_2-c_2)^2}{16}\right] \cdot \frac{1}{a} \mathrm{d}k$$

$$+ \int_{Q_r}^a \left[-\frac{3}{4}Q_r^2 + \frac{3D-2Q_2+c_2}{4}Q_r + \frac{(D-2Q_2-c_2)^2}{16}\right] \cdot \frac{1}{a} \mathrm{d}k$$

$$= \frac{1}{2a}Q_r^3 - \frac{3D-2Q_2+6a+c_2}{8a}Q_r^2 + \frac{3D-2Q_2+c_2}{4}Qr + \frac{(D-2Q_2-c_2)^2}{16}$$

$$(4.11)$$

② 当 $Q_r \ge \dfrac{D-c_2-2Q_2}{2}$ 时，由表 4.3 可知，

$$w^* = \begin{cases} \dfrac{D + c_2 - 2Q_0}{2}, k < \dfrac{D - c_2 - 2Q_2}{2} \\[4mm] D - Q_2 - 2Q_0, k \geqslant \dfrac{D - c_2 - 2Q_2}{2} \end{cases}$$

$$Q_b^* = \begin{cases} \dfrac{D - 2Q_0 - 2Q_2 - c_2}{4}, k < \dfrac{D - c_2 - 2Q_2}{2} \\[4mm] 0, k \geqslant \dfrac{D - c_2 - 2Q_2}{2} \end{cases}$$

此时(4.9)式的目标函数可进行如下化简：

$$E_k(\pi_1) = E_k \big[(D - Q_1 - Q_2)Q_1 - w^* Q_b^* \big]$$

$$= \int_0^a \big[(D - Q_1 - Q_2)Q_1 - w^* Q_b^* \big] \cdot \frac{1}{a} \mathrm{d}k$$

$$= \int_0^{\frac{D - c_2 - 2Q_2}{2}} \big[(D - Q_1 - Q_2)Q_1 - w^* Q_b^* \big] \cdot \frac{1}{a} \mathrm{d}k$$

$$\quad + \int_{\frac{D - c_2 - 2Q_2}{2}}^a \big[(D - Q_1 - Q_2)Q_1 - w^* Q_b^* \big] \cdot \frac{1}{a} \mathrm{d}k$$

$$= \int_0^{\frac{D - c_2 - 2Q_2}{2}} \Big[-\frac{3}{4}Q_0^2 + \frac{3D - 2Q_2 + c_2}{4}Q_0 + \frac{(D - 2Q_2 - c_2)^2}{16} \Big] \frac{1}{a} \mathrm{d}k$$

$$\quad + \int_{\frac{D - c_2 - 2Q_2}{2}}^a Q_0(D - Q_2 - Q_0) \cdot \frac{1}{a} \mathrm{d}k$$

$$= \int_0^{\frac{D - c_2 - 2Q_2}{2}} \Big[-\frac{3}{4}k^2 + \frac{3D - 2Q_2 + c_2}{4}k + \frac{(D - 2Q_2 - c_2)^2}{16} \Big] \frac{1}{a} \mathrm{d}k$$

$$\quad + \int_{\frac{D - c_2 - 2Q_2}{2}}^{Q_r} k(D - Q_2 - k) \cdot \frac{1}{a} \mathrm{d}k + \int_{Q_r}^a Q_r(D - Q_2 - Q_r) \cdot \frac{1}{a} \mathrm{d}k$$

$$= \frac{2}{3a}Q_r^3 - \frac{D - Q_2 + 2a}{2a}Q_r^2 + (D - Q_2)Q_r + \frac{(D - 2Q_2 - c_2)^3}{96a}$$

结合①和②可得

$$E_k(\pi_1) = \begin{cases} \dfrac{1}{2a}Q_r^3 - \dfrac{3D - 2Q_2 + 6a + c_2}{8a}Q_r^2 + \dfrac{3D - 2Q_2 + c_2}{4}Q_r + \dfrac{(D - 2Q_2 - c_2)^2}{16}, \\[4mm] \qquad Q_r < \dfrac{D - c_2 - 2Q_2}{2} \\[4mm] \dfrac{2}{3a}Q_r^3 - \dfrac{D - Q_2 + 2a}{2a}Q_r^2 + (D - Q_2)Q_r + \dfrac{(D - 2Q_2 - c_2)^3}{96a}, Q_r \geqslant \dfrac{D - c_2 - 2Q_2}{2} \end{cases}$$

$$(4.12)$$

上式第一段的一阶条件解为 $Q_r = a$ 和 $Q_r = \dfrac{3D - 2Q_2 + c_2}{6}$，由于

$$\frac{3D - 2Q_2 + c_2}{6} - \frac{D - c_2 - 2Q_2}{2} = \frac{2}{3}Q_2 + \frac{2}{3}c_2 > 0$$

因此 $E_k(\pi_1)$ 的第一段总是关于 Q_r 单调递增。$E_k(\pi_1)$ 的第二段的一阶条件解为 $Q_r = a$ 和 $Q_r = \dfrac{D - Q_2}{2}$，由于

$$\frac{D - Q_2}{2} > \frac{D - c_2 - 2Q_2}{2} > 0$$

因此式（4.12）的全局最优解为 $Q_r^* = \min\left(a, \dfrac{D - Q_2}{2}\right)$。

（3）若 $\dfrac{D - c_2 - 2Q_2}{2} > a$ 即 $Q_2 < \dfrac{D - c_2 - 2a}{2}$，则有 $Q_r < \dfrac{D - c_2 - 2Q_2}{2}$。根据表4.3

可知，$w^* = \dfrac{D + c_2 - 2Q_0}{2}$，$Q_b^* = \dfrac{D - 2Q_0 - 2Q_2 - c_2}{4}$。此时，和式（4.11）一样，

$$E_k(\pi_1) = \frac{1}{2a}Q_r^3 - \frac{3D - 2Q_2 + 6a + c_2}{8a}Q_r^2 + \frac{3D - 2Q_2 + c_2}{4}Q_r + \frac{(D - 2Q_2 - c_2)^2}{16}$$

$$(4.13)$$

其一阶条件解为 $Q_r = a$ 和 $Q_r = \dfrac{3D - 2Q_2 + c_2}{6}$，由于

$$\frac{3D - 2Q_2 + c_2}{6} - \frac{D - c_2 - 2Q_2}{2} = \frac{2}{3}Q_2 + \frac{2}{3}c_2 > 0$$

即

$$\frac{3D - 2Q_2 + c_2}{6} > \frac{D - c_2 - 2Q_2}{2} > a$$

因此式（4.13）的最优解为 $Q_r^* = a$。

综上，

$$Q_r^* = \begin{cases} \min\left(a, \dfrac{D - Q_2}{2}\right), & Q_2 \geqslant \dfrac{D - c_2}{2} \\[3mm] \min\left(a, \dfrac{D - Q_2}{2}\right), & \dfrac{D - c_2 - 2a}{2} \leqslant Q_2 < \dfrac{D - c_2}{2} \\[3mm] a, & Q_2 < \dfrac{D - c_2 - 2a}{2} \end{cases}$$

不难发现,上式可进一步化简为 $Q_r^* = \min\left(a, \dfrac{D-Q_2}{2}\right)$。证毕。

给定制造商 M1 的常规采购数量 Q_r,制造商 M2 需决策投产数量 Q_2 以最大化自己的期望利润:

$$\max_{Q_2} E_k(\pi_2) = E_k\left[(D-Q_1-Q_2)Q_2 + w^*Q_b^* - c_2(Q_2+Q_b^*)\right] \quad (4.14)$$

$$\text{s. t.} \quad Q_2 \geqslant 0 \quad (4.15)$$

其中,$Q_1 = Q_0 + Q_b^*$,$Q_0 = \min(k, Q_r)$。

解上述规划,得引理 4.4。

引理 4.4:给定制造商 M1 的常规采购数量 Q_r,制造商 M2 在决策投产数量时的最适反应函数为

$$Q_2^* = \max\left(\frac{D-c_2-4a+2\sqrt{Q_r^2-2aQ_r+4a^2}}{2}, 0\right) \quad (4.16)$$

证明:由于 $Q_0 = \min(k, Q_r)$,根据表 4.1 可得表 4.4。

表 4.4 w^* 和 Q_b^* 的值

条件	$Q_2 < (D-c_2-2Q_r)/2$	$Q_2 \geqslant (D-c_2-2Q_r)/2$	
		$k < (D-c_2-2Q_2)/2$	$k \geqslant (D-c_2-2Q_2)/2$
w^*	$(D+c_2-2Q_0)/2$	$(D+c_2-2Q_0)/2$	$D-Q_2-2Q_0$
Q_b^*	$(D-2Q_0-2Q_2-c_2)/4$	$(D-2Q_0-2Q_2-c_2)/4$	0

由于 $Q_2 \geqslant 0$ 且无法确定 $\dfrac{D-c_2-2Q_r}{2}$ 和 0 的大小关系,故需分如下情况讨论:

(1)若 $\dfrac{D-c_2-2Q_r}{2} \leqslant 0$ 即 $Q_r \geqslant \dfrac{D-c_2}{2}$,则有 $Q_2 \geqslant \dfrac{D-c_2-2Q_r}{2}$。根据表 4.4 可知,

$$w^* = \begin{cases} \dfrac{D+c_2-2Q_0}{2}, & k < \dfrac{D-c_2-2Q_2}{2} \\[2ex] D-Q_2-2Q_0, & k \geqslant \dfrac{D-c_2-2Q_2}{2} \end{cases}$$

$$Q_b^* = \begin{cases} \dfrac{D-2Q_0-2Q_2-c_2}{4}, & k < \dfrac{D-c_2-2Q_2}{2} \\[2ex] 0, & k \geqslant \dfrac{D-c_2-2Q_2}{2} \end{cases}$$

此时式(4.14)的目标函数可进行如下化简:

$$E_k(\pi_2) = E_k[(D - Q_1 - Q_2)Q_2 + w^*Q_b^* - c_2(Q_2 + Q_b^*)]$$

$$= \int_0^a [(D - Q_1 - Q_2)Q_2 + w^*Q_b^* - c_2(Q_2 + Q_b^*)] \cdot \frac{1}{a}dk$$

$$= \int_0^{\frac{D - c_2 - 2Q_2}{2}} [(D - Q_1 - Q_2)Q_2 + m \cdot \frac{D - 2Q_0 - 2Q_2 - c_2}{4}$$

$$- c_2(Q_2 + \frac{D - 2Q_0 - 2Q_2 - c_2}{4})] \cdot \frac{1}{a}dk$$

$$+ \int_{\frac{D - c_2 - 2Q_2}{2}}^a [(D - Q_1 - Q_2)Q_2 - c_2Q_2] \cdot \frac{1}{a}dk$$

$$= \int_0^{\frac{D - c_2 - 2Q_2}{2}} [-\frac{1}{2}Q_2^2 + \frac{1}{2}(D - c_2)Q_2 + \frac{(D - 2k - c_2)^2}{8})] \cdot \frac{1}{a}dk$$

$$+ \int_{\frac{D - c_2 - 2Q_2}{2}}^{Q_r} Q_2(D - k - Q_2 - c_2) \cdot \frac{1}{a}dk + \int_{Q_r}^a Q_2(D - Q_r - Q_2 - c_2) \cdot \frac{1}{a}dk$$

$$= -\frac{Q_2^3}{6a} + \frac{(D - c_2 - 4a)Q_2^2}{4a}$$

$$- \frac{(D^2 - 2c_2D - 4Q_r^2 + 8aQ_r + c_2^2 - 8aD + 8ac_2)Q_2}{8a} + \frac{(D - c_2)^3}{48a}$$

$$(4.17)$$

其一阶条件解为 $Q_2 = \dfrac{D - c_2 - 4a + 2\sqrt{Q_r^2 - 2aQ_r + 4a^2}}{2}$ 和 $Q_2 = \dfrac{D - c_2 - 4a - 2\sqrt{Q_r^2 - 2aQ_r + 4a^2}}{2}$。由于 $D - c_2 - 4a \leqslant 2Q_r - 4a < 0$,显然上述第二个一阶条件解是负的,因此 $E_k(\pi_2)$ 的最大值点为 $Q_2^* = \max\left(\dfrac{D - c_2 - 4a + 2\sqrt{Q_r^2 - 2aQ_r + 4a^2}}{2}, 0\right)$。

(2)若 $\dfrac{D - c_2 - 2Q_r}{2} > 0$ 即 $Q_r < \dfrac{D - c_2}{2}$,此时无法确定 Q_2 和 $\dfrac{D - c_2 - 2Q_r}{2}$ 之间的大小关系,故需分如下情况讨论:

①当 $Q_2 < \dfrac{D - c_2 - 2Q_r}{2}$ 时,根据表 4.4 可知,$w^* = \dfrac{D + c_2 - 2Q_0}{2}$,$Q_b^* =$

$\dfrac{D - 2Q_0 - 2Q_2 - c_2}{4}$，此时式(4.14)的目标函数可进行如下化简：

$$E_k(\pi_2) = E_k\left[(D - Q_1 - Q_2)Q_2 + w^* Q_b^* - c_2(Q_2 + Q_b^*)\right]$$

$$= \int_0^a \left[(D - Q_1 - Q_2)Q_2 + w^* Q_b^* - c_2(Q_2 + Q_b^*)\right] \cdot \frac{1}{a}dk$$

$$= \int_0^a \left[-\frac{1}{2}Q_2^2 + \frac{1}{2}(D - c_2)Q_2 + \frac{1}{8}(D - 2Q_0 - c_2)^2\right] \cdot \frac{1}{a}dk$$

$$= \int_0^{Q_r} \left[-\frac{1}{2}Q_2^2 + \frac{1}{2}(D - c_2)Q_2 + \frac{1}{8}(D - 2k - c_2)^2\right] \cdot \frac{1}{a}dk$$

$$\quad + \int_{Q_r}^a \left[-\frac{1}{2}Q_2^2 + \frac{1}{2}(D - c_2)Q_2 + \frac{1}{8}(D - 2Q_r - c_2)^2\right] \cdot \frac{1}{a}dk$$

$$= -\frac{1}{2}Q_2^2 + \frac{1}{2}(D - c_2)Q_2 + \frac{1}{24a}(3aD^2 + 6DQ_r^2 - 12aDQ_r$$

$$\quad - 6ac_2D - 8Q_r^3 - 6c_2Q_r^2 + 12aQ_r^2 + 12ac_2Qr + 3ac_2^2)$$

② 当 $Q_2 \geqslant \dfrac{D - c_2 - 2Q_r}{2}$ 时，根据表4.4可知，

$$w^* = \begin{cases} \dfrac{D + c_2 - 2Q_0}{2}, k < \dfrac{D - c_2 - 2Q_2}{2} \\[3mm] D - Q_2 - 2Q_0, k \geqslant \dfrac{D - c_2 - 2Q_2}{2} \end{cases}$$

$$Q_b^* = \begin{cases} \dfrac{D - 2Q_0 - 2Q_2 - c_2}{4}, k < \dfrac{D - c_2 - 2Q_2}{2} \\[3mm] 0, k \geqslant \dfrac{D - c_2 - 2Q_2}{2} \end{cases}$$

此时和式(4.17)一样，式(4.14)的目标函数可化为

$$E_k(\pi_2) = -\frac{Q_2^3}{6a} + \frac{(D - c_2 - 4a)Q_2^2}{4a} - \frac{(D^2 - 2c_2D - 4Q_r^3 + 8aQ_r + c_2^2 - 8aD + 8ac_2)Q_2}{8a}$$

$$\quad + \frac{(D - c_2)^3}{48a}$$

结合①和②可得

$$E_k(\pi_2) = \begin{cases} -\dfrac{1}{2}Q_2^2 + \dfrac{1}{2}(D-c_2)Q_2 + \dfrac{1}{24a}(3aD^2 + 6DQ_r^2 - 12aDQ_r \\[2mm] -6ac_2D - 8Q_r^3 - 6c_2Q_r^2 + 12aQ_r^2 + 12ac_2Q_r + 3ac_2^2), Q_2 < \dfrac{D-c_2-2Q_r}{2} \\[3mm] -\dfrac{Q_2^3}{6a} + \dfrac{(D-c_2-4a)Q_2^2}{4a} - \dfrac{(D^2 - 2c_2D - 4Q_r^2 + 8aQ_r + c_2^2 - 8aD + 8ac_2)Q_2}{8a} \\[3mm] +\dfrac{(D-c_2)^3}{48a}, Q_2 \geqslant \dfrac{D-c_2-2Q_r}{2} \end{cases}$$

$$(4.18)$$

上式第一段的一阶条件解为 $Q_2 = \dfrac{D-c_2}{2}$，由于 $\dfrac{D-c_2}{2} > \dfrac{D-c_2-2Q_r}{2}$，因此第一段总是

关于 Q_2 单调递增；第二段的一阶条件解为 $Q_2 = \dfrac{D-c_2-4a+2\sqrt{Q_r^2-2aQ_r+4a^2}}{2}$ 和

$Q_2 = \dfrac{D-c_2-4a-2\sqrt{Q_r^2-2aQ_r+4a^2}}{2}$，不难发现

$$\frac{D-c_2-4a-2\sqrt{Q_r^2-2aQ_r+4a^2}}{2} < 0$$

且

$$\frac{D-c_2-4a+2\sqrt{Q_r^2-2aQ_r+4a^2}}{2} > \frac{D-c_2-2Q_r}{2} > 0$$

因此式(4.18)在

$$Q_2^* = \frac{D-c_2-4a+2\sqrt{Q_r^2-2aQ_r+4a^2}}{2}$$

处取得最大值。

综上，

$$Q_2^* = \begin{cases} \max\left(\dfrac{D-c_2-4a+2\sqrt{Q_r^2-2aQ_r+4a^2}}{2}, 0\right), Q_r \geqslant \dfrac{D-c_2}{2} \\[3mm] \dfrac{D-c_2-4a+2\sqrt{Q_r^2-2aQ_r+4a^2}}{2}, Q_r < \dfrac{D-c_2}{2} \end{cases}$$

上式可化为

$$Q_2^* = \max\left(\frac{D-c_2-4a+2\sqrt{Q_r^2-2aQ_r+4a^2}}{2}, 0\right)$$

证毕。

根据引理4.3和4.4,即得命题4.2。

命题4.2:制造商 M1 的最优常规采购数量决策和制造商 M2 的最优投产数量决策如表4.5所示。

表4.5　制造商 M1 和 M2 的最优决策

条件	Q_r^*	Q_2^*
$c_2 \geqslant 2D/(\sqrt{3}+1)$		
$a \leqslant (\sqrt{3}+2)(D-c_2)/2$	a	$(D-c_2)/2 + (\sqrt{3}-2)a$
$a > (\sqrt{3}+2)(D-c_2)/2$	$\min(a, D/2)$	0
$D/2 < c_2 < 2D/(\sqrt{3}+1)$		
$a \leqslant \sqrt{3}(D+c_2)/6$	a	$(D-c_2)/2 + (\sqrt{3}-2)a$
$\sqrt{3}(D+c_2)/6 < a < c_2(2D-c_2)/(8c_2-4D)$	$(D+c_2)/3 + a - \sqrt{(D+c_2)^2 + 36a^2}/6$	$(D-2c_2)/3 - 2a + \sqrt{(D+c_2)^2 + 36a^2}/3$
$a \geqslant c_2(2D-c_2)/(8c_2-4D)$	$D/2$	0
$c_2 \leqslant D/2$		
$a \leqslant \sqrt{3}(D+c_2)/6$	a	$(D-c_2)/2 + (\sqrt{3}-2)a$
$a > \sqrt{3}(D+c_2)/6$	$(D+c_2)/3 + a - \sqrt{(D+c_2)^2 + 36a^2}/6$	$(D-2c_2)/3 - 2a + \sqrt{(D+c_2)^2 + 36a^2}/3$

证明:联立求解式(4.10)和式(4.16),即得命题4.2。证毕。

命题4.2表明,由于制造商 M1 在常规采购时具有成本优势($c_1 < c_2$),因此其常规采购数量总是大于0($Q_r^* > 0$)。但是,M1 的常规采购数量会受供应商产能可靠性的约束——常规采购数量必须小于供应商随机产能的上限值a。命题4.2还表明,当制造商 M2 的成本较高且 M1 的可靠性较高时,M2 在竞争中劣势明显,于是 M2 会被对手挤出市场(即$Q_2^* = 0$)。然而此时 M2 的利润不一定为0,因为 M2 还可以在供应商 S 的随机产能风险实现之后为 M1 提供补货,并从中获利。

4.4.4　竞争与合作

本节主要分析两个制造商 M1 和 M2 之间的竞争与合作关系。根据引理4.1,引理4.2和命题4.2,可得命题4.3。

命题4.3:制造商 M1 和 M2 之间的竞争与合作关系如表4.6所示[①]。

———————————

① 表中的"＋"表示值为正。

表 4.6　制造商 M1 与 M2 之间的竞合关系

条　件	Q_r^*	Q_2^*	Q_b^*	M1 和 M2 的关系
$c_2 \geqslant 2D/(\sqrt{3}+1)$				
$a \leqslant (\sqrt{3}+2)(D-c_2)/2$				
$k < (2-\sqrt{3})a$	+	+	+	竞合
$k \geqslant (2-\sqrt{3})a$	+	+	0	竞争
$a > (\sqrt{3}+2)(D-c_2)/2$				
$k < (D-c_2)/2$	+	0	+	M1 独占市场,M2 退化为供应商
$k \geqslant (D-c_2)/2$	+	0	0	M2 完全出局
$D/2 < c_2 < 2D/(\sqrt{3}+1)$				
$a \leqslant \sqrt{3}(D+c_2)/6$				
$k < (2-\sqrt{3})a$	+	+	+	竞合
$k \geqslant (2-\sqrt{3})a$	+	+	0	竞争
$\sqrt{3}(D+c_2)/6 < a < c_2(2D-c_2)/(8c_2-4D)$				
$k < (D+c_2+12a-\sqrt{(D+c_2)^2+36a^2}/6$	+	+	+	竞合
$k \geqslant (D+c_2+12a-\sqrt{(D+c_2)^2+36a^2}/6$	+	+	0	竞争
$a \geqslant c_2(2D-c_2)/(8c_2-4D)$				
$k < (D-c_2)/2$	+	0	+	M1 独占市场,M2 退化为供应商
$k \geqslant (D-c_2)/2$	+	0	0	M2 完全出局
$c_2 \leqslant D/2$				
$a \leqslant \sqrt{3}(D+c_2)/6$				
$k < (2-\sqrt{3})a$	+	+	+	竞合
$k \geqslant (2-\sqrt{3})a$	+	+	0	竞争
$a > \sqrt{3}(D+c_2)/6$				
$k < (D+c_2+12a-\sqrt{(D+c_2)^2+36a^2}/6$	+	+	+	竞合
$k \geqslant (D+c_2+12a-\sqrt{(D+c_2)^2+36a^2}/6$	+	+	0	竞争

证明:根据引理4.1,引理4.2和命题4.2,可得表4.7。

表 4.7　Q_b^* 的值

条　件	Q_b^*
$c_2 \geqslant 2D/(\sqrt{3}+1)$	
$\quad a \leqslant (\sqrt{3}+2)(D-c_2)/2$	$\max\{0,[(2-\sqrt{3})a-k]/2\}$
$\quad a > (\sqrt{3}+2)(D-c_2)/2$	$\max\{0,[(D-c_2-2k)/4]\}$
$D/2 < c_2 < 2D/(\sqrt{3}+1)$	
$\quad a \leqslant \sqrt{3}(D+c_2)/6$	$\max\{0,[(2-\sqrt{3})a-k]/2\}$
$\quad \sqrt{3}(D+c_2)/6 < a < c_2(2D-c_2)/(8c_2-4D)$	$\max\{0,[D+c_2+12a-6k-2\sqrt{(D+c_2)^2+36a^2}]/12\}$
$\quad a \geqslant c_2(2D-c_2)/(8c_2-4D)$	$\max[0,(D-c_2-2k)/4]$
$c_2 \leqslant D/2$	
$\quad a \leqslant \sqrt{3}(D+c_2)/6$	$\max\{0,[(2-\sqrt{3})a-k]/2\}$
$\quad a > \sqrt{3}(D+c_2)/6$	$\max\{0,[D+c_2+12a-6k-2\sqrt{(D+c_2)^2+36a^2}]/12\}$

结合表 4.4 和命题 4.2,即得命题 4.3。证毕。

图 4.4 直观地显示了命题 4.4 中的结论。若制造商 M2 的成本较低,或 M2 的成本较高但供应商 S 的可靠性较低(对应图 4.4 中曲线 γ_2 左边区域),则当供应商 S 实现后的产能较小时,两个制造商会进行产品竞争也会达成供货合作;当 S 实现后的产能较大时,两个制造商之间只竞争不合作。这是因为,制造商 M1 所在供应链具有成本优势($c_1 < c_2$),其在常规采购中总会订一个正的数量($Q_r^* > 0$),而此时制造商 M2 的成本较低即劣势不明显,M1 无法将 M2 挤出市场($Q_2^* > 0$),于是两个制造商将在终端市场上进行产品竞争。在供应商 S 的随机产能实现之后,两个制造商之间是否进行供货合作主要取决于实现的产能大小:当实现的产能较大时,M1 在常规采购中获得的数量较多,两个制造商之间的竞争将会很激烈,此时如果 M2 向对手供货将使对手变得更强并损害自己的利益,于是合作无法达成;当实现的产能较小时,M1 在常规采购中获得的数量很少,两个制造商之间的竞争很弱,此时 M2 向对手提供帮助对自己的损害较小,却能够通过先动优势(即批发单价决策)从合作中获取较多的利润,因此合作将会发生。

若制造商 M2 的成本较高且供应商 S 的可靠性较高(对应图 4.4 中右上角区域),则当供应商 S 实现后的产能较小时,M2 被挤出市场但依然会给 M1 供货,即

M2 退化为 M1 的供应商；当供应商 S 实现后的产能较大时，M2 被挤出市场且合作不会发生，即 M2 完全出局。这是因为，此时 M2 的成本较高且 S 的可靠性较高，供应风险对 M1 的影响很小而 M2 的成本劣势却很明显，因此 M2 总是被挤出市场。即便如此，两个制造商之间依然有合作的可能，这种合作能否达成取决于供应商 S 实现的产能大小：当实现的产能较大时，M1 在常规采购中获得的数量足够多以至于无须向对手补货，于是合作无法达成；当实现的产能较小时，M1 在常规采购中获得的数量较少以至于需要向 M2 补货，此时被挤出市场的 M2 总是会同意与对手的合作以获取部分利润，因此合作将会发生。

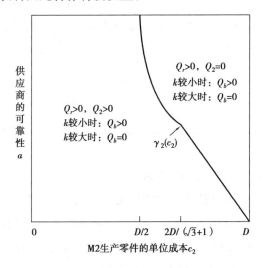

图 4.4　制造商 M1 和 M2 的竞合关系

$$\text{注}: \gamma_2(c_2) = \begin{cases} \dfrac{c_2(2D - c_2)}{8c_2 - 4D}, & \dfrac{D}{2} < c_2 < \dfrac{2D}{\sqrt{3} + 1} \\[2mm] \dfrac{(\sqrt{3} + 2)(D - c_2)}{2}, & c_2 \geq \dfrac{2D}{\sqrt{3} + 1} \end{cases}$$

4.5　合作对竞争的影响

接下来，本书将比较无合作选项（4.3 节）与有合作选项（4.4 节）时的决策，从而探讨合作对竞争的影响。

命题 4.4：从事前来看，制造商 M1 和 M2 之间的期望供货合作数量总是正的，即 $E_k(Q_b^*) > 0$。

证明：根据表4.7，可得表4.8。

表4.8 Q_b^* 的值

条 件	$E_k(Q_b^*)$
$c_2 \geqslant 2D/(\sqrt{3}+1)$	
$a \leqslant (\sqrt{3}+2)(D-c_2)/2$	$(7-4\sqrt{3})a/4$
$a > (\sqrt{3}+2)(D-c_2)/2$	$(D-c_2)^2/16a$
$D/2 < c_2 < 2D/(\sqrt{3}+1)$	
$a \leqslant \sqrt{3}(D+c_2)/6$	$(7-4\sqrt{3})a/4$
$\sqrt{3}(D+c_2)/6 < a < c_2(2D-c_2)/(8c_2-4D)$	$[D+c_2+12a-2\sqrt{(D+c_2)^2+36a^2}]^2/144a$
$a \geqslant c_2(2D-c_2)/(8c_2-4D)$	$(D-c_2)^2/16a$
$c_2 \leqslant D/2$	
$a \leqslant \sqrt{3}(D+c_2)/6$	$(7-4\sqrt{3})a/4$
$a > \sqrt{3}(D+c_2)/6$	$[D+c_2+12a-2\sqrt{(D+c_2)^2+36a^2}]^2/144a$

因此，$E_k(Q_b^*) > 0$。证毕。

$E_k(Q_b^*)$ 总是大于0，这意味着从事前来看，制造商 M1 和 M2 都有合作的倾向，且这种合作将增加双方的期望利润。这是因为，M1 和 M2 之间的供货合作发生在供应商 S 的随机产能实现之后，即合作使双方在随机性实现后有了一次调整的机会，这种调整可以使双方的决策更准确、更有效率，从而使双方的总利润增加。合作时，M2 的批发单价决策和 M1 的补货数量决策本质上是双方的一种互动过程，这类似于一种谈判过程，该过程可以使上述增加的利润在两者之间合理地分配。因此，合作对双方都有利。

图4.5 数值模拟了命题4.4中的结论（$E_k(Q_b^*) > 0$）。此外图4.5还表明，两个制造商之间的期望合作数量 $E_k(Q_b^*)$ 随供应商的可靠性 a 先增后减。这是因为，当原始设备制造商 M1 上游的可靠性 a 较小时，M1 的劣势明显，两个制造商之间只有微弱的竞争关系而他们之间的合作关系占主导地位，此时集成制造商 M2 更多地与供应商展开竞争，因此随着 a 的增加，制造商 M2 会降低批发单价并增加零部件的供应以维持两者的合作关系。当制造商 M1 上游的可靠性 a 较大时，M1 的劣势不明显，此时随着 a 的增加，M1 无须向对手采购太多的零件以应对供应商的不可靠，因此两个制造商之间的合作数量减少。

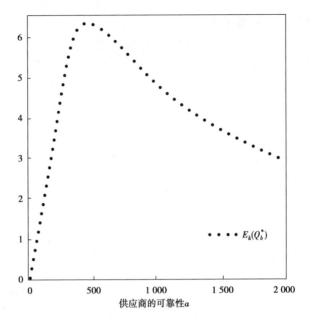

图4.5　制造商 M1 和 M2 之间的期望合作数量

注:参数取值为 $d = 1\,000, c_2 = 1$。

值得注意的是,尽管竞争对手之间的合作看起来不太稳定(Q_b^* 可能为正,也可能为0),但命题4.4表明,从期望意义上来看,这种合作在应对供应风险方面,总是能产生严格正的效应。因此为后续分析的方便,本章将风险应对效应(Risk-mitigation Effect)定义为

$$e_{risk} = E_k(Q_b^*)$$

接下来探讨两个制造商之间的合作对制造商 M1 的常规采购数量的影响,以及对制造商 M2 的投产数量的影响。由于两个制造商之间合作的初衷是 M1 需要一个完美可靠的补货渠道以应对供应商 S 的供应风险,因此根据直觉很容易认为,这种补货渠道的存在必然会降低制造商 M1 对供应商 S 的依赖,从而使 M1 向供应商 S 采购的数量减少。然而,结论截然相反。

命题4.5:与没有合作选项的情形相比,合作选项的存在使制造商 M1 的常规采购数量增加(即 $Q_r^* \geq Q_r^{N*}$),同时还使制造商 M2 的投产数量减少(即 $Q_2^* \leq Q_2^{N*}$)。

证明:根据命题4.1和命题4.2不难发现,$Q_r^* \geq Q_r^{N*}$ 且 $Q_2^* \leq Q_2^{N*}$,证毕。

命题4.5背后的原因如下:由于合作可以帮助制造商 M1 应对供应风险,并提升 M1 的竞争优势,于是制造商 M2 的市场份额降低,投产数量减少。然而,M1 所在供应链具有成本优势,这就导致 M2 的市场份额收缩之后 M1 的扩张数量比 M2 的收缩数量更多,

且上述成本优势只能通过常规采购才能体现出来,于是 M1 反而会增加常规采购的数量。值得注意的是,大量关于供应风险管理的研究(如 Tomlin,2006;Yang et al.,2009;Chen & Xiao,2015;Huang & Xu,2015)一致认为,当企业拥有应对主供应商供应风险的紧急补货选项之后,主供应商获得的订货量会减少。然而,命题4.5表明,供应链竞争与合作的引入颠覆了上述经典结论。

命题4.5 表明,两个制造商之间的合作竟然能给供应商 S 带来好处——使其获得的订货量增加,因此为后续分析的方便,本章将上述增加的订货量定义为溢出效应(Spillover Effect):

$$e_{spill} = Q_r^* - Q_r^{N*}$$

命题4.5 还表明,两个制造商之间的合作使制造商 M2 的投产数量减少,因此为后续分析的方便,本章将上述减少的投产数量定义为产量收缩效应(Shrinkage Effect):

$$e_{shrink} = Q_2^{N*} - Q_2^*$$

图4.6 数值模拟了命题4.5 中的结论($Q_r^* \geqslant Q_r^{N*}$,$Q_2^* \leqslant Q_2^{N*}$)。此外图4.6 还表明,溢出效应 e_{spill} 和产量收缩效应 e_{shrink} 都随供应商的可靠性 a 先增后减。这是因为,当原始设备制造商 M1 上游的可靠性 a 较低时,M1 的劣势明显,此时随着 a 的增加,制造商 M1 的竞争力提升较快,于是集成制造商 M2 的收缩效应增加,制造商 M1 所在供应链的溢出效应也增加。当 a 较高时,上游的不可靠对 M1 的影响较小,M1 会利用自身供应链的成本优势占有较多的市场份额,而 M2 占有的市场份额较小,因此随着 a 的增加,集成制造商 M2 的收缩效应减小,制造商 M1 所在供应链的溢出效应也减小。

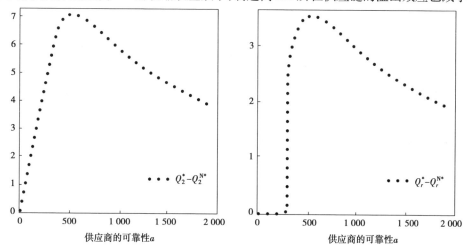

图4.6 合作选项对产量收缩效应和溢出效应的影响

注:参数取值为 $d = 1\,000$,$c_2 = 1$。

接下来分析两个制造商之间的合作对竞争的影响。显然,两个制造商投放到市场上的总产品数量越多,市场价格越低,竞争越激烈。因此,本章将有合作选项与无合作选项两种情形下市场上(期望)总产品数量之间的差定义为竞争强度的变化(The Change of Competition Degree):

$$v = E_k(Q_1^* + Q_2^*) - E_k(Q_1^{N^*} + Q_2^{N^*})$$

于是可得命题4.6。

命题4.6:合作选项的存在使两个制造商之间的竞争加剧,即 $v \geq 0$。

证明:根据命题4.1,命题4.2和表4.8可得表4.9。

表4.9　竞争强度的变化

条　件	竞争强度的变化(v)
$c_2 \geq 3D/4$	
$a \leq (\sqrt{3}+2)(D-c_2)/2$	0
$(\sqrt{3}+2)(D-c_2)/2 < a \leq 2(D-c_2)$	$a + (D-c_2)^2/16a - (3a + 2D - 2c_2)/4$
$a > 2(D-c_2)$	$(D-c_2)^2/16a$
$(33 + 56\sqrt{3})D/177 \leq c_2 < 3D/4$	
$a \leq (\sqrt{3}+2)(D-c_2)/2$	0
$(\sqrt{3}+2)(D-c_2)/2 < a \leq 2(D+c_2)/7$	$a + (D-c_2)^2/16a - (3a + 2D - 2c_2)/4$
$2(D+c_2)/7 < a < D^2/(8c_2-4D)$	$\min(a, D/2) + (D-c_2)^2/16a - D - 3a$ $+ \sqrt{9a^2 + 2a(D+c_2)}$
$a \geq D^2/(8c_2-4D)$	$(D-c_2)^2/16a$
$(\sqrt{3}-1)D < c_2 < (33 + 56\sqrt{3})D/177$	
$a \leq 2(D+c_2)/7$	0
$2(D+c_2)/7 < a \leq (\sqrt{3}+2)(D-c_2)/2$	$(3a + 2D - 2c_2)/4 - D - 3a + \sqrt{9a^2 + 2a(D+c_2)}$
$a(\sqrt{3}+2)(D-c_2)/2 < a < D^2/(8c_2-4D)$	$\min(a, D/2) + (D-c_2)^2/16a - D - 3a$ $+ \sqrt{9a^2 + 2a(D+c_2)}$
$a \geq D^2/(8c_2-4D)$	$(D-c_2)^2/16a$
$D/2 < c_2 \leq (\sqrt{3}-1)D$	
$a \leq 2(D+c_2)/7$	0

条　件	竞争强度的变化(v)
$2(D+c_2)/7 < a \leqslant \sqrt{3}(D+c_2)/6$	$(3a+2D-2c_2)/4-D-3a+\sqrt{9a^2+2a(D+c_2)}$
$\sqrt{3}(D+c_2)/6 < a < c_2(2D-c_2)/(8c_2-4D)$	$\sqrt{9a^2+2a(D+c_2)}-(D+c_2)/3$
	$+\sqrt{(D+c_2)^2+36a^2}/6-4a$
	$+(D+c_2+12a-2\sqrt{(D+c_2)^2+36a^2})^2/144a$
$c_2(2D-c_2)/(8c_2-4D) \leqslant a < D^2/(8c_2-4D)$	$D/2+(D-c_2)^2/16a-D-3a$
	$+\sqrt{9a^2+2a(D+c_2)}$
$a \geqslant D^2/(8c_2-4D)$	$(D-c_2)^2/16a$
$c_2 \leqslant D/2$	
$a \leqslant 2(D+c_2)/7$	0
$2(D+c_2)/7 < a \leqslant \sqrt{3}(D+c_2)/6$	$(3a+2D-2c_2)/4-D-3a+\sqrt{9a^2+2a(D+c_2)}$
$a > \sqrt{3}(D+c_2)/6$	$\sqrt{9a^2+2a(D+c_2)}-(D+c_2)/3$
	$+\sqrt{(D+c_2)^2+36a^2}/6$
	$-4a+(D+c_2+12a-2\sqrt{(D+c_2)^2+36a^2})^2/144a$

根据上表不难发现 $v \geqslant 0$。证毕。

值得注意的是,由于 $E_k(Q_1^* + Q_2^*) = Q_r^* + E_k(Q_b^*) + Q_2^*$ 且 $E_k(Q_1^{N*} + Q_2^{N*}) = Q_r^{N*} + Q_2^{N*}$,因此

$$v = E_k(Q_b^*) + (Q_r^* - Q_r^{N*}) - (Q_2^{N*} - Q_2^*) = e_{risk} + e_{spill} - e_{shrink}$$

这意味着竞争强度的变化取决于风险应对效应、溢出效应和产量收缩效应的相对大小。如前所述,合作可以帮助制造商 M1 应对供应风险,并提升 M1 的竞争优势,于是制造商 M2 的市场份额降低,投产数量减少。然而,M1 所在供应链具有成本优势,这就导致 M2 的市场份额收缩之后 M1 的扩张数量比 M2 的收缩数量更大,即风险应对效应 e_{risk} 与溢出效应 e_{spill} 之和大于产量收缩效应 e_{shrink},因此合作选项的存在使两个制造商之间的竞争加剧。图 4.7 数值模拟了命题 4.6 中的结论 ($v \geqslant 0$)。

有趣的是,既往关于供应链竞合的研究(如 Pun,2014;Niu et al.,2015;Hafezalkotob,2017)一致认为,两条供应链之间的合作将使竞争缓解。然而,命题 4.6 表

明,供应风险的引入颠覆了上述经典结论。这是因为,两条供应链之间的供货合作有助于缓解其中一条链的供应风险,并增强这条链上制造商的竞争力,因此,竞争不仅没有缓解反而加剧了。

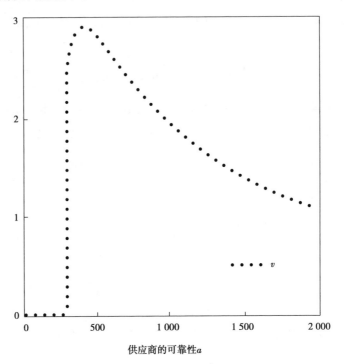

图 4.7　合作对竞争的影响
注:参数取值为 $d = 1\,000, c_2 = 1$。

4.6　本章小结

　　本章研究了两个制造商之间的产品竞争与供货合作问题,其中一个制造商既可以制造零件也可以制造产品(称为"集成制造商"),另一个制造商则需从外部采购零件以制造产品(称为"原始设备制造商")。原始设备制造商上游的供应商成本低但具有随机产能风险,集成制造商生产零件时的成本高但完美可靠,在供应商的随机产能实现之后,原始设备制造商可以向对手补货(即供货合作)。

　　研究发现,两个制造商可能只竞争不合作,也可能竞争与合作共存。具体而言,若集成制造商的成本较低,或其成本较高但供应商的可靠性较低,则当该供应商实现后的产能较小时,两个制造商会进行产品竞争也会达成供货合作;当实现后的产能较大时,两个制造商之间只竞争不合作。若集成制造商的成本较高且供应商的可靠性较高,则当供应商实现后的产能较小时,原始设备制造商独占市场但集成制造商依然会给对手供货;当实现后的产能较大时,原始设备制造商独占市场且合作不会发生,即集成制造商完全出局。然而从事前来看,原始设备制造商的期望补货数量总是正的,这意味着合作选项的存在具有风险应对效应。

有趣的是,既往关于供应风险管理的相关研究(如 Tomlin,2006;Yang et al.,2009;Chen & Xiao,2015)一致认为,当企业拥有应对主供应商供应风险的紧急补货选项之后,主供应商获得的订货量会减少。然而本章在引入供应链竞合之后,得到了相反的结论:补货合作选项的存在使具有随机产能风险的供应商获得的订货量(弱)增加,即两个制造商之间的合作具有溢出效应。这是因为,补货合作可以帮助原始设备制造商应对供应风险,这将增加原始设备制造商的竞争力并弱化集成制造商的相对竞争力,于是集成制造商投放到市场的数量减少(产量收缩效应)。然而,因为原始设备制造商所在的供应链具有成本优势,所以原始设备制造商的产量扩张数量比集成制造商的收缩数量更大,且上述成本优势源于上游具有随机产能风险的供应商,因此上游供应商获得的订货量(弱)增加。除此之外,既往关于供应链竞争与合作的研究(如 Pun,2014;Niu et al.,2015;Hafezalkotob,2017)认为,两条供应链之间的合作将使竞争缓解。然而,本章在引入供应风险之后得到了不同的结论:合作选项不仅不会使两个制造商之间的竞争缓解,反而可能使竞争加剧。这是因为,两条供应链之间的供货合作有助于缓解其中一条链的供应风险,并增强这条链上制造商的竞争力,因此在大部分情况下,竞争不仅没有缓解反而加剧了。

本研究将为企业的运作实践带来重要的管理启示。在运作实践中,很多企业往往十分排斥竞争对手的合作提议,因为这些企业担心合作会让对手变强并抢占本属于自己的市场份额。然而本章的研究结论表明,当对手面临供应端的随机产能风险时,企业应该在上述随机产能的实现值较小的前提下,为对手提供补货帮助;否则应该拒绝对手的合作提议。这种补货合作选项的存在,使竞争双方在随机性实现后有了一次调整的机会,这种调整可以使双方的决策更准确、更有效率,从而使双方的总利润增加。合作时,双方都有决策行为,这本质上是双方的一种互动或谈判过程,该过程可以使上述增加的利润在两者之间合理地分配。

5 供应链核心企业产出风险下专利独占、授权和共享策略研究

5.1 引 言

在高技术行业,企业往往面临较高的随机产出风险(Xu,2010;Chen & Xiao,2015)。近年来,一种新的风险应对工具——专利授权或共享开始被高技术企业广泛采用。专利授权,指的是高技术企业为避免自身的随机产出问题而把专利和产品制造过程均授权给其他企业的策略。例如 ARM 公司,世界上几乎所有平板电脑的处理器都是基于 ARM 的构架和设计,然而 ARM 并不生产芯片,而是将专利授权给诸如台积电这样的具有丰富制造经验和成熟生产工艺的代工厂商,并让这些代工厂商进行生产(Cambridge,2010;Intel Newsroom,2015;Burt,2016)。类似的,IBM、德州仪器、日立、柯达等企业也常在一些技术领域采取专利授权策略(Arora et al.,2013)。专利共享,指的是高技术企业把专利共享给其他公司,以便自己在生产上遇到问题时,可以由其他公司提供帮助的风险应对策略。比如 2015 年,三星把当时最先进的 14 纳米制程技术共享给了战略合作伙伴格罗方德,随后它们联合获得了苹果 iPhone 6s 所搭载 A9 处理器的订单,其中三星是主供应商,格罗方德是备选供应商,即当三星遭遇生产问题时,由格罗方德提供供货帮助(Bloomberg News,2015)。除此之外,特斯拉、丰田等企业也常采用专利共享策略(H et al.,2017)。

上述案例说明,专利授权和共享策略在现实中具有广泛的应用。那么,对高技术企业而言,是把专利留作自用(专利独占策略),是把专利授权出去,还是把专利共享给战略合作伙伴呢?当企业采取专利独占策略时,需要考虑启动成本和随机产出风险的问题。原因在于,随着企业分工的细化,专注于技术研发的企业可能并没有生产线,如 ARM 公司和早期的英特尔,因此当它们选择自己生产产品时,需要投入高昂的启动成本以建造厂房和购置设备。除此之外,鉴于高科技产品的工艺

复杂性,专注于技术研发的企业往往在生产上缺乏经验,在工艺上不够成熟,这很容易导致产出存在风险(Han et al.,2014)。比如三星为苹果生产 A9 处理器时,良品率不足 30%(百度百家,2015)。而苹果、诺基亚、惠普、IBM 等企业,都选择让富士康代工而不愿自己生产产品,因为富士康拥有更丰富的生产经验和更好的生产工艺(Cooke,2017;安卓网,2017)。当企业采取专利授权策略时,授权专利的同时相当于把零件的生产权也让渡给了代工厂商。尽管这样做可以节约启动成本并应对随机产出风险(Niu et al.,2015),但供应链的三方即供应商、代工厂商和制造商都有决策行为,他们决策时需确保自己拥有正的边际收益,这就导致了供应链整体利润的大幅损失,既往研究(如 Gerstner & Hess,1995;Rhee et al.,2010;Yoo & Seo,2017)将这种现象称为三重边际效应(Triple Marginalization)。而专利共享策略可以看作专利独占和专利授权策略的一种折中,它既可以应对生产风险也不会导致三重边际效应(高技术企业和代工厂商之间是一种合作关系),然而其弊端在于引入了竞争。特别是当高技术企业在竞争中处于弱势时,共享策略给它带来的弊端更加明显。因此,如何在不同的专利策略之间进行权衡,主要取决于启动成本、产出风险、三重边际效应和竞争等因素。

在理论上,Horstmann et al.(1985)探讨了企业是否为其创新成果申请专利的问题,发现企业只会把部分成果专利化,且企业研发过程所付出的代价越大,创新成果专利化的比例越高。Rockett(1990)研究了专利授权对象的选择问题,发现创新者在专利保护期限到了之后倾向于把专利授权给较弱的企业以维持自己的竞争优势。Lin(1996)、Fauli-Oller & Sandonis(2002)、Li & Wang(2010)发现在竞争环境下,当一个企业把技术授权给竞争对手时可能会降低社会福利,因为技术授权行为会导致共谋。Arora(2013)对集中许可和分散许可两种专利许可方式进行了比较研究,其中集中许可指的是由母公司做专利许可决策,而分散许可指的是由各个子公司做专利许可决策。Hong et al.(2017)比较了两种不同的专利许可费收取方式——固定许可费模式和单位许可费模式(即每生产一单位产品需要支付的许可费),发现从消费者剩余的角度而言,固定许可费模式总是优于单位许可费模式,而对制造商而言这两种模式各有优势。类似的比较还出现在 Wang(1998)、Erkal(2005)、Kamien & Tauman(2002)、Bagchi & Mukherjee(2014)等文献中。Tian(2016)探讨了专利许可合同的设计问题,并提出了一种两部定价合同,它本质上就是固定许可费和单位许可费模式的结合。Hu et al.(2017)分析了技术共享和技术不共享两种策略各自的占优条件,并发现尽管技术共享会加剧竞争,但也可以激励供应商为削减成本、提升技术和满足市场偏好而进行投资。

纵观既往文献,尽管涉及专利的研究不胜枚举,但是对于独占、共享和授权这3种最常见专利策略的比较研究却还没有,而且相关研究也没有考虑风险在其中所起的作用。因此,理论上亟待解决的科学问题是,对高技术企业而言,这3种专利策略各自占优的条件是什么? 对整条供应链而言,哪种专利策略可以实现供应链利润的最大化? 随机产出风险在不同专利策略的比较中起着怎样的作用? 对高技术企业而言最优的专利策略和社会最优(对整条供应链而言最优的专利策略)之间存在怎样的扭曲? 为回答这些科学问题,本章分别建立了独占、共享和授权策略下供应链上下游决策模型,比较了这3种策略下的供应商利润和供应链利润,并分析了随机产出风险在专利策略的比较中所起的关键作用。

5.2 模型描述

考虑一条由一个上游高技术企业和一个下游制造商组成的供应链,其中高技术企业掌握了零部件上的一种核心专利技术,制造商需采购该零部件以制造产品。不失一般性,设每单位产品需要一单位的该零件,制造商除采购成本之外的其他成本标准化为 0(Pun,2014)。制造商面临的市场反需求函数为 $p = D - aQ$(Tang & Kouvelis,2011),其中 D 为市场潜能(饱和度),Q 为制造商投放到市场上的产品数量,a 为数量敏感性系数且 $a > 0$。高技术企业可以自己生产该零件(独占策略),其生产成本由两部分构成:固定成本 C 和单位可变成本 c,其中 C 是用以建造厂房和购置设备的启动成本,c 是每成功生产并交付一个零件所花费的成本。同时,高技术企业的产出具有随机性,设随机产出率 δ 服从 $[0, b]$ 上的均匀分布①,其中 $0 < b < 1$(Hong et al.,1990;Tang & Kouvelis,2011;Hosoda et al.,2015;Chen & Xiao,2015)。高技术企业也可以把专利授权给代工厂商并由该厂商生产零部件,高技术企业只收取专利许可费(授权策略)。因为代工厂商是一个专业从事零件生产的企业且长期承接其他制造商的普通零部件订单②,如引言中提到的台积电和格罗方德,并在生产过程中积累了丰富的经验,所以拥有现成的厂房和设备,同时为突

---

① 考虑到高技术企业产出的随机性,其成本 c 本质上已包含了可能的生产失败所带来的损失(即相当于供应商的单位投产成本为 $c\delta$),这种设定在既往研究(如 Huang 等,2018)中非常常见。

② 由于技术上的劣势,在获得高技术企业的专利之前,代工厂商无法生产出满足制造商要求的高技术零部件。

出研究问题,假设其没有随机产出风险(产出率100%)。设代工厂商每生产并交付一个零件的成本也为 c。除上述两种做法之外,高技术企业还可以和代工厂商签订合作协议,由高技术企业把专利技术共享给代工厂商(共享策略),以便代工厂商可以在高技术企业的随机产出实现之后,把不足的订单补上。而且,由代工厂商供应的那部分零件所获得的利润也由两者共享。具体而言(下标中的 m、l、s 分别表示独占、授权和共享策略):

在独占策略下,如图5.1所示,高技术企业先决定批发单价 w_m,制造商再决定订货量 Q_m。然后高技术企业完全按订单进行投产,但是由于产出的随机性,高技术企业最终只能产出并交付数量为 δQ_m 的零件(Hosoda et al.,2015)(其余是残次品)。因此,高技术企业的生产成本为 $C + c\delta Q_m$,制造商需支付 $w_m \delta Q_m$。

图5.1 专利独占策略下的事件顺序

在授权策略下,如图5.2所示,高技术企业先决定单位授权价格 μ_l,即代工厂商每生产一个零件需要向高技术企业支付的专利费(Bagchi & Mukherjee,2014;Hong et al.,2017),然后代工厂商决策零件的批发单价 w_l,最后制造商决策订货量 Q_l。由于代工厂商的生产是完美可靠的,最终制造商需向代工厂商支付 $w_l Q_l$,代工厂商需向高技术企业支付 $\mu_l Q_l$。

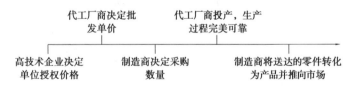

图5.2 专利授权策略下的事件顺序

在共享策略下,如图5.3所示,高技术企业先决定批发单价 w_s,制造商再决定订货量 Q_s。之后高技术企业完全按订单进行投产,但高技术企业最终能产出的数量只有 δQ_s。在高技术企业的随机产出实现之后,由代工厂商把不足的订单补上,即代工厂商的生产数量为 $(1-\delta)Q_s$(Chen & Yang,2014)。这样一方面可以应对产出风险,另一方面可以确保代工厂商总是可以获得订单,从而代工厂商才有动机和高技术企业进行合作。这种做法在理论研究(Chen & Yang,2014)和运作实践(如引言中提到的三星)中都非常常见。值得注意的是,由于高技术企业事先把专利共享给了代工厂商,因此高技术企业和代工厂商交付的零件是无差异的。最终,制造商需向高技术企业支付 $w_s \delta Q_s$,向代工厂商支付 $w_s(1-\delta)Q_s$。代工厂商还需把部分利润 $\alpha(w_s - c)(1-\delta)Q_s$ 转移给高技术企业作为专利共享的回报,其中,$(w_s - c)(1-\delta)Q_s$ 是由代工厂商生产的那部分零件所获得的利润,α 是高技术企业的谈判力且 $0 < \alpha < 1$。这意味着高技术企业向代工厂商共享专利,而代工厂商向高技术企业共享利润。

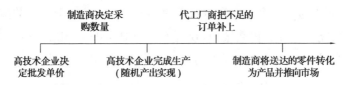

图 5.3　共享策略下的事件顺序

为避免无意义的讨论,需作如下假设:

假设 5.1:$D > c$,它意味着当 $Q = 0$ 时 $p > c$,该假设是为了确保采购总是会发生。

由于 b 越大,高技术企业越可靠(期望的随机产出越高),因此,将 b 定义为高技术企业的可靠性。下面,本书将分别求出这 3 种策略下各方的最优决策和相应利润,并对这 3 种策略进行比较,以确定到底哪种策略对高技术企业和整条供应链最有利。

5.3　分散决策

5.3.1　专利独占、授权和共享策略下的决策分析

在独占策略下,采用逆向归纳法,先考虑制造商的订货决策问题。给定高技术企业的批发单价 w_m,制造商需决策 Q_m 以最大化自己的期望利润 π_m^O(公式中的上标 O 指代的是 OEM,即制造商),即

$$\max_{Q_m} \pi_m^O = E_\delta[(D - a\delta Q_m)\delta Q_m - \delta Q_m w_m] \tag{5.1}$$

其中 $(D - a\delta Q_m)\delta Q_m$ 为制造商在市场上的销售收益(收入),$\delta Q_m w_m$ 为制造商的采购成本。再考虑高技术企业的批发单价决策问题。高技术企业需决策 w_m 以最大化自身的期望利润 π_m^H(上标 H 指代的是 High-tech Firm,即高技术企业),即

$$\max_{w_m} \pi_m^H = E_\delta [(w_m - c)\delta Q_m - C] \qquad (5.2)$$

解上述两个规划,可得高技术企业和制造商的最优决策及相应利润,见引理 5.1。

在授权策略下,采用逆向归纳法,先考虑制造商的订货决策问题。给定高技术企业的单位授权价格 μ_l,代工厂商的批发单价 w_l,制造商需确定 Q_l 以最大化自己的利润 π_l^O,即

$$\max_{Q_l} \pi_l^O = (D - aQ_l)Q_l - Q_l w_l \qquad (5.3)$$

再考虑代工厂商的批发单价决策问题。给定高技术企业的单位授权价格 μ_l,代工厂商需决策 w_l 以最大化自己的利润 π_l^F(上标 F 指代的是 Foundry,即代工厂商),即

$$\max_{w_l} \pi_l^F = (w_l - c - \mu_l)Q_l \qquad (5.4)$$

最后考虑高技术企业的单位授权价格决策。高技术企业需决定 μ_l 以最大化自己的利润 π_l^H,即

$$\max_{\mu_l} \pi_l^H = \mu_l Q_l \qquad (5.5)$$

解上述三个规划,可得高技术企业、代工厂商和制造商的最优决策及相应利润,见引理 5.1。

在共享策略下,采用逆向归纳法,先考虑制造商的订货决策问题。给定高技术企业的批发单价 w_s,制造商需确定 Q_s 以最大化自己的利润 π_s^O,即

$$\max_{Q_s} \pi_s^O = (D - aQ_s)Q_s - Q_s w_s \qquad (5.6)$$

再考虑高技术企业的批发单价决策问题。高技术企业需决策 w_s 以最大化自身的期望利润 π_s^H,即

$$\max_{w_s} \pi_s^H = E_\delta [(w_s - c)\delta Q_s - C + \alpha(w_s - c)(1 - \delta)Q_s] \qquad (5.7)$$

其中,$(w_s - c)\delta Q_s - C$ 是高技术企业自己生产的那部分零件所获得的利润,$\alpha(w_s - c)(1 - \delta)Q_s$ 是代工厂商转移给高技术企业的利润。

解上述两个规划,可得高技术企业和制造商的最优决策及相应利润,见引理 5.1。

引理 5.1:考虑产出风险时,在独占、授权和共享策略下,供应链上下游各方的最优决策和相应利润如表 5.1 所示。

表5.1　有产出风险时，上下游各方的最优决策和相应利润

	独占策略	授权策略	共享策略
授权价格(μ_i^*)	—	$(D+c)/2$	—
批发单价(w_i^*)	$(D+c)/2$	$(3D+c)/4$	$(D+c)/2$
订货量(Q_i^*)	$3(D-c)/(8ba)$	$(D-c)/(8a)$	$(D-c)/(4a)$
高技术企业利润(π_i^{H*})	$3(D-c)^2/(32a)-C$	$(D-c)^2/(16a)$	$(D-c)^2(2\alpha+b-\alpha b)/(16a)-C$
代工厂利润(π_i^{F*})	—	$(D-c)^2/(32a)$	$(D-c)^2(1-\alpha)(2-b)/(16a)$
制造商利润(π_i^{O*})	$3(D-c)^2/(64a)$	$(D-c)^2/(64a)$	$(D-c)^2/(16a)$
供应链利润(π_i^{S*})	$9(D-c)^2/(64a)-C$	$7(D-c)^2/(64a)$	$3(D-c)^2/(16a)-C$

注：独占策略下，下标$i=m$；授权策略下，下标$i=l$；共享策略下，下标$i=s$。

证明：独占策略下，式(5.1)可化为

$$\pi_m^O = \int_0^b \frac{(D-a\delta Q_m)\delta Q_m - \delta Q_m w_m}{b}\mathrm{d}\delta = -\frac{1}{3}ab^2Q_m^2 + \frac{1}{2}bQ_m(D-w_m)$$

令$\dfrac{\partial \pi_m^O}{\partial Q_m}=0$，得一阶条件解为

$$Q_m = \frac{3}{4} \cdot \frac{D-w_m}{ab} \tag{5.8}$$

由于$\dfrac{\partial^2 \pi_m^O}{\partial Q_m^2} = -\dfrac{2ab^2}{3} < 0$，因此上述一阶条件解就是最优解。将式(5.8)代入式

(5.2)并化简得 $\pi_m^H = \dfrac{3(w_m-c)(D-w_m)}{8a} - C$，其一阶条件解为 $w_m = \dfrac{D+c}{2}$，由于

$\dfrac{\partial^2 \pi_m^H}{\partial w_m^2} = -\dfrac{3}{4a} < 0$，因此上述一阶条件解就是最优解，即

$$w_m^* = \frac{D+c}{2} \tag{5.9}$$

把式(5.9)代入式(5.8)可得

$$Q_m^* = \frac{3}{8} \cdot \frac{D-c}{ba} \tag{5.10}$$

再把式(5.9)代入π_m^H可得高技术企业的最优期望利润为$\pi_m^{H*} = 3\dfrac{(D-c)^2}{32a} - C$；把

式(5.9)和式(5.10)代入π_m^O可得制造商的最优期望利润为$\pi_m^{O*} = 3\dfrac{(D-c)^2}{64a}$。因

此独占策略下整条供应链的最优期望利润为 $\pi_m^{S*} = \pi_m^{H*} + \pi_m^{O*} = \dfrac{9(D-c)^2}{64a} - C$。

授权策略下,式(5.3)的一阶条件解为

$$Q_l = \frac{D - w_l}{2a} \tag{5.11}$$

而且 $\dfrac{\partial^2 \pi_l^O}{\partial Q_l^2} = -2a < 0$,因此上述一阶条件解就是最优解。将式(5.11)代入式

(5.4)并化简得 $\pi_l^F = \dfrac{(w_l - c - \mu_l)(D - w_l)}{2a}$,其一阶条件解为

$$w_l = \frac{D + c + \mu_l}{2} \tag{5.12}$$

而且 $\dfrac{\partial^2 \pi_l^F}{\partial w_l^2} = -\dfrac{1}{2} < 0$,因此上述一阶条件解就是最优解。将式(5.11)和式(5.12)

代入式(5.5)并化简得 $\pi_l^H = \mu_l \dfrac{D - c - \mu_l}{4a}$,其一阶条件解为 $\mu_l = \dfrac{D - c}{2}$,而且 $\dfrac{\partial^2 \pi_l^H}{\partial \mu_l^2} =$

$-2 < 0$,因此上述一阶条件解就是最优解,即

$$\mu_l^* = \frac{D - c}{2} \tag{5.13}$$

把式(5.13)代入式(5.12)得

$$w_l^* = \frac{3D + c}{4} \tag{5.14}$$

把上式代入式(5.11)得 $Q_l^* = \dfrac{D - c}{8a}$。把式(5.13)代入 π_l^H 可得高技术企业的最优

利润为 $\pi_l^{H*} = \dfrac{(D-c)^2}{16a}$;把式(5.13)、式(5.14)代入 π_l^F 可得代工厂商的最优利润

为 $\pi_l^{F*} = \dfrac{(D-c)^2}{32a}$;再把 Q_l^* 和式(5.14)代入式(5.3)得制造商的最优利润为 π_l^{O*}

$= \dfrac{(D-c)^2}{64a}$。因此授权策略下整条供应链的最优利润为 $\pi_l^{S*} = \pi_l^{H*} + \pi_l^{F*} +$

$\pi_l^{O*} = \dfrac{7(D-c)^2}{64a}$。

共享策略下,式(5.6)的一阶条件解为

$$Q_s = \frac{D - w_s}{2a} \tag{5.15}$$

而且 $\dfrac{\partial^2 \pi_s^O}{\partial Q_s^2} = -2a < 0$，因此上述一阶条件解就是最优解。将式（5.15）代入式

（5.7）并化简得 $\pi_s^H = \dfrac{(c-w_s)(D-w_s)(\alpha b - 2\alpha - b)}{4a} - C$，其一阶条件解为 $w_s = $

$\dfrac{D+c}{2}$，而且 $\dfrac{\partial^2 \pi_s^H}{\partial w_s^2} = \dfrac{\alpha b - 2\alpha - b}{2a} < 0$，因此该一阶条件解就是最优解，即

$$w_s^* = \frac{D+c}{2} \tag{5.16}$$

将上式代入式（5.15）得

$$Q_s^* = \frac{D-c}{4a} \tag{5.17}$$

把式（5.16）代入 π_s^H 可得高技术企业的最优期望利润为 $\pi_s^{H*} = $

$\dfrac{(D-c)^2(2\alpha + b - \alpha b)}{16a} - C$；把式（5.16）、式（5.17）代入式（5.6）可得制造商的最优

利润为 $\pi_s^{O*} = \dfrac{(D-c)^2}{16a}$；由于代工厂商的期望利润为 $\pi_s^F = $

$E_\delta[(1-\alpha)(w_s - c)(1-\delta)Q_s]$，因此只需把式（5.16）、式（5.17）代入并化简即得

代工厂商的最优期望利润为 $\pi_s^{F*} = \dfrac{(D-c)^2(1-\alpha)(2-b)}{16a}$。共享策略下整条供应

链的最优利润为 $\pi_s^{S*} = \pi_s^{H*} + \pi_s^{F*} + \pi_s^{O*} = \dfrac{3(D-c)^2}{16a} - C$。证毕。

引理 5.1 给出了存在产出风险时不同策略下的决策。为了研究产出风险对决策的影响，接下来考虑一种特殊情形——没有产出风险（$\delta = 1$）时不同策略下的决策。授权策略下，高技术企业不生产零件，因此高技术企业是否存在随机产出风险对该策略下的决策没有任何影响，即此时各方的最优决策和利润完全如引理 5.1 所显示的一样。而在独占和共享策略下，各方决策和利润会产生一定程度的改变，具体值详见引理 5.2（公式中的上标 N 指代的是没有产出风险的情形）。

引理 5.2：没有产出风险（$\delta = 1$）时，在独占和共享策略下，供应链上下游各方的最优决策和相应利润如表 5.2 所示。

表5.2 没有产出风险时,上下游各方的最优决策和相应利润

	独占策略	共享策略
批发单价(w_i^{N*})	$(D+c)/2$	$(D+c)/2$
订货量(Q_i^{N*})	$(D-c)/(4a)$	$(D-c)/(4a)$
高技术企业利润(π_i^{NH*})	$(D-c)^2/(8a)-C$	$(D-c)^2/(8a)-C$
代工厂利润(π_i^{NF*})	—	0
制造商利润(π_i^{NO*})	$(D-c)^2/(16a)$	$(D-c)^2/(16a)$
供应链利润(π_i^{NS*})	$3(D-c)^2/(16a)-C$	$3(D-c)^2/(16a)-C$

注:独占策略下,下标$i=m$;共享策略下,下标$i=s$。

证明: 令式(5.1)、式(5.2)和式(5.7)中的δ等于1,然后按照引理5.1相同的思路,即得引理5.2。证毕。

引理5.2表明,没有产出风险时,共享策略完全等价于独占策略。这是因为$\delta=1$时,共享策略下代工厂商获得的订单量$(1-\delta)Q_s$等于0,即所有订单都由高技术企业自己生产,因此共享策略和独占策略完全等价。根据引理5.1和引理5.2,可以得到推论5.1、推论5.2和推论5.3。

推论5.1: $Q_m^* > Q_m^{N*}$ 且 $\dfrac{\partial(Q_m^* - Q_m^{N*})}{\partial b} < 0$。

证明: 由于$Q_m^* - Q_m^{N*} = \dfrac{(3-2b)(D-c)}{8ab} > 0$,因此$Q_m^* > Q_m^{N*}$ 且 $\dfrac{\partial(Q_m^* - Q_m^{N*})}{\partial b} < 0$。证毕。

推论5.1表明,在独占策略下,存在产出风险时制造商的订货量高于不存在产出风险时的订货量($Q_m^* > Q_m^{N*}$),且这两种情形下订货量的差值是关于可靠性b的减函数$\left(即\dfrac{\partial(Q_m^* - Q_m^{N*})}{\partial b} < 0\right)$。这意味着风险的存在会使制造商"超订",且高技术企业的可靠性越低,"超订"的程度越高。这是因为,制造商在做采购决策时就知道高技术企业的不可靠(即制造商知道高技术企业的产出量仅仅是订货量的一部分),他通过"超订"可以在一定程度上抵消风险给他带来的订单损失。

推论5.2: $Q_s^* = Q_s^{N*} < Q_m^*$ 且 $\pi_s^{S*} = \pi_s^{NS*}$。

证明: 根据引理5.1和引理5.2,容易发现$Q_s^* = Q_s^{N*}$ 和 $\pi_s^{S*} = \pi_s^{NS*}$;而且,$Q_m^* - Q_s^* = \dfrac{(3-2b)(D-c)}{8ab} > 0$ 即 $Q_s^* < Q_m^*$。证毕。

推论 5.2 表明,在共享策略下,存在产出风险时的订货量和供应链利润完全等于没有产出风险时的相应值($Q_s^* = Q_s^{N*}$ 且 $\pi_s^{S*} = \pi_s^{NS*}$)。这意味着,对制造商和整条供应链而言,共享策略完全消除了产出风险的影响。然而对高技术企业而言,尽管共享可以应对产出风险且企业还可以通过专利共享从代工厂商那里获得一部分利润,但是共享也会带来坏处:因为消除了产出风险对制造商的影响,"超订"现象就消失了($Q_s^* < Q_m^*$),所以高技术企业的供货量减少($\delta Q_s^* < \delta Q_m^*$)。换言之,制造商原本(在独占策略下)是通过"超订"应对风险的,现在(在共享策略下)通过代工厂商的补货就能应对,这相当于共享使部分本属于高技术企业的订单转移给了代工厂商,即共享使高技术企业和代工厂商之间建立了间接的竞争关系。

推论 5.3: $Q_l^* < Q_m^*$,$Q_l^* < Q_s^*$ 且 $\mu_l = w_m^* = w_s^*$。

证明: 根据引理 5.1,容易发现 $\mu_l = w_m^* = w_s^*$;而且,$Q_s^* - Q_l^* = \dfrac{D-c}{8a} > 0$ 即 $Q_l^* < Q_s^*$,由推论 5.2 可知 $Q_s^* < Q_m^*$,因此 $Q_l^* < Q_s^*$ 且 $Q_l^* < Q_m^*$。证毕。

尽管授权策略使高技术企业节约了启动成本并消除了产出风险,然而推论 5.3 表明,授权策略下制造商的采购数量低于其他两种策略下的采购数量($Q_l^* < Q_m^*$,$Q_l^* < Q_s^*$),但高技术企业的定价和其他两种策略下的定价完全相同($\mu_l = w_m^* = w_s^*$)。这是因为,在独占和共享策略下只有双重边际效应(独占和共享策略下只有高技术企业和制造商有决策行为),在授权策略下却有三重边际效应(授权策略下高技术企业、代工厂商和制造商都有决策行为),所以授权策略下制造商的单位采购成本增加($w_l^* > w_m^*$,$w_l^* > w_s^*$),于是订货量就降低了。但是,订货量的减少并没有使高技术企业降低自己的定价,因为高技术企业需要利用自己的先动优势把三重边际效应的损失尽量地转嫁给下游企业。除此之外,通过引理 5.1 还可以发现 $Q_s^* - Q_l^* = \dfrac{D-c}{8a}$,这意味着制造商面对的市场规模越大,三重边际效应引起的订货损失越大。

5.3.2 专利独占、授权和共享策略的比较

下面,本书将比较这 3 种专利策略,以确定哪种策略对高技术企业最有利。通过比较 π_m^{H*},π_l^{H*} 和 π_s^{H*},可得命题 5.1。

命题 5.1: 若 $D < \lambda_1$,则 $\pi_l^{H*} > \max(\pi_m^{H*}, \pi_s^{H*})$。若 $D \geq \lambda_1$,则当 $b \leq b_1$ 时,$\pi_m^{H*} \geq \max(\pi_l^{H*}, \pi_s^{H*})$;当 $b > b_1$ 时,$\pi_s^{H*} \geq \max(\pi_m^{H*}, \pi_l^{H*})$,其中 $\lambda_1 =$

$$\min\left(c+4\sqrt{2aC},c+4\sqrt{\frac{aC}{b+2\alpha-1-\alpha b}}\right)\text{且}b_1=\frac{3-4\alpha}{2-2\alpha}。$$

证明:(1)若 $D<\lambda_1$,由于

$$\lambda_1=\begin{cases}c+4\sqrt{2aC},b\leqslant b_1\\c+4\sqrt{\dfrac{aC}{b+2\alpha-1-\alpha b}},b>b_1\end{cases}$$

需分如下两种情况讨论:

① 当 $b\leqslant b_1$ 时,$\lambda_1=c+4\sqrt{2aC}$。此时 $D<\lambda_1$ 等价于 $\dfrac{(D-c)^2}{32a}<C$。于是 $\pi_l^{H*}-\pi_m^{H*}=C-\dfrac{(D-c)^2}{32a}>0$。而 $b\leqslant b_1$ 又等价于 $3+2\alpha b-4\alpha-2b\geqslant0$,于是 $\pi_m^{H*}-\pi_s^{H*}=\dfrac{(3+2\alpha b-4\alpha-2b)(D-c)^2}{32a}\geqslant0$。因此 $\pi_l^{H*}>\pi_m^{H*}\geqslant\pi_s^{H*}$。

② 当 $b>b_1$ 时,$\lambda_1=c+4\sqrt{\dfrac{aC}{b+2\alpha-1-\alpha b}}$。此时 $D<\lambda_1$ 等价于 $\dfrac{(b+2\alpha-1-\alpha b)(D-c)^2}{16a}<C$。于是 $\pi_l^{H*}-\pi_s^{H*}=C-\dfrac{(b+2\alpha-1-\alpha b)(D-c)^2}{16a}>0$。而 $b>b_1$ 又等价于 $3+2\alpha b-4\alpha-2b<0$,于是 $\pi_s^{H*}-\pi_m^{H*}=-\dfrac{(3+2\alpha b-4\alpha-2b)(D-c)^2}{32a}>0$。因此 $\pi_l^{H*}>\pi_s^{H*}>\pi_m^{H*}$。

综合①和②可知,若 $D<\lambda_1$,总有 $\pi_l^{H*}>\pi_m^{H*}$ 且 $\pi_l^{H*}>\pi_s^{H*}$,即 $\pi_l^{H*}>\max\left(\pi_m^{H*},\pi_s^{H*}\right)$。

(2)若 $D\geqslant\lambda_1$,由于

$$\lambda_1=\begin{cases}c+4\sqrt{2aC},b\leqslant b_1\\c+4\sqrt{\dfrac{aC}{b+2\alpha-1-\alpha b}},b>b_1\end{cases}$$

需分如下两种情况讨论:

① 当 $b\leqslant b_1$ 时,$\lambda_1=c+4\sqrt{2aC}$。此时 $D\geqslant\lambda_1$ 等价于 $\dfrac{(D-c)^2}{32a}\geqslant C$。于是 $\pi_l^{H*}-\pi_m^{H*}=C-\dfrac{(D-c)^2}{32a}\leqslant0$。而 $b\leqslant b_1$ 又等价于 $3+2\alpha b-4\alpha-2b\geqslant0$,于是 $\pi_m^{H*}-\pi_s^{H*}=\dfrac{(3+2\alpha b-4\alpha-2b)(D-c)^2}{32a}\geqslant0$。因此 $\pi_m^{H*}\geqslant\pi_l^{H*}$ 且 $\pi_m^{H*}\geqslant\pi_s^{H*}$,即 $\pi_m^{H*}\geqslant$

$\max\left(\pi_l^{H*}, \pi_s^{H*}\right)$。

②当 $b > b_1$ 时，$\lambda_1 = c + 4\sqrt{\dfrac{aC}{b+2\alpha-1-\alpha b}}$。此时 $D \geq \lambda_1$ 等价于

$\dfrac{(b+2\alpha-1-\alpha b)(D-c)^2}{16a} \geq C$。于是 $\pi_l^{H*} - \pi_s^{H*} = C - \dfrac{(b+2\alpha-1-\alpha b)(D-c)^2}{16a} \leq$

0。而 $b > b_1$ 又等价于 $3 + 2\alpha b - 4\alpha - 2b < 0$，于是 $\pi_s^{H*} - \pi_m^{H*} =$

$-\dfrac{(3+2\alpha b-4\alpha-2b)(D-c)^2}{32a} > 0$。因此 $\pi_s^{H*} \geq \pi_l^{H*}$ 且 $\pi_s^{H*} \geq \pi_m^{H*}$，即 $\pi_s^{H*} \geq$

$\max(\pi_m^{H*}, \pi_l^{H*})$。证毕。

图 5.4 直观地展示了命题 5.1 中的结论。对高技术企业而言，若下游制造商面临的市场规模较小（$D < \lambda_1$），则授权策略占优 $[\pi_l^{H*} > \max(\pi_m^{H*}, \pi_s^{H*})]$；若市场规模较大（$D \geq \lambda_1$），此时哪种策略更好取决于其供应的可靠性。当可靠性较低（$b \leq b_1$）时独占策略占优 $[\pi_m^{H*} \geq \max(\pi_l^{H*}, \pi_s^{H*})]$，当可靠性较高（$b > b_1$）时共享策略占优 $[\pi_s^{H*} \geq \max(\pi_m^{H*}, \pi_l^{H*})]$。

命题 5.1 体现了如下管理启示。我们把独占和共享统称为供应零件（独占和共享策略下高技术企业都需要向下游供应零件），把授权称为供应专利（授权策略下高技术企业只需向下游供应专利）。供应零件时，高技术企业需要投入启动成本；供应专利时，高技术企业会遭受三重边际效应带来的损失。若市场规模较小，高技术企业能获得的潜在收益较低，投入启动成本对于高技术企业而言代价太大，而此时三重边际效应带来的损失较小①，于是对高技术企业而言，做一个纯粹的专利供应商最有利；若市场规模较大，高技术企业能获得的潜在收益较高，启动成本显得微不足道，而此时三重边际效应带来的损失却很大，故对高技术企业而言，供应零件更有利。

在供应零件的情况下，还需对独占和共享策略进行比较。由于共享可以很好地应对产出风险，因此根据直觉很容易认为，高技术企业的可靠性越低，它越应该共享。然而根据命题 5.1 可知，结论恰好相反。当可靠性较低时高技术企业反而应该采用独占策略，当可靠性较高时才应该采用共享策略。这是因为，如前所述，共享在应对产出风险的同时，也引入了竞争。而且，高技术企业的可靠性越低，代工厂商能分到的订单 $(1-\delta)Q_s$ 就越多，高技术企业在竞争中就越处于弱势地位。

---

① 如 2.1 节所述，制造商面对的市场规模越大（小），三重边际效应引起的损失越大（小）。

因此,当高技术企业的可靠性较低时,共享使高技术企业分出去的订单太多以至于独占策略反而更有利。当高技术企业的可靠性较高时,高技术企业只需分少量订单给代工厂商就能达到缓解产出风险的目的,因此共享策略更有利。

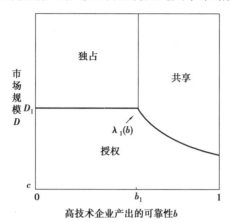

图5.4 专利独占、授权和共享策略的比较

注:$D_1 = c + 4\sqrt{2aC}$;$b_1 = \dfrac{3-4\alpha}{2-2\alpha}$;$\lambda_1(b) = \min\left(c + 4\sqrt{2aC}, c + 4\sqrt{\dfrac{aC}{b + 2\alpha - 1 - \alpha b}}\right)$。

5.4 供应链协调

5.4.1 专利独占、授权和共享策略下的供应链协调

如前所述,分散决策会带来双重边际效应或三重边际效应,从而造成整条供应链利润的损失[1]。为避免这种损失,本章接下来将考虑供应链协调的情形。分析的思路和前面类似:先分别探讨独占、授权和共享策略下的协调模型,再对这3种策略进行比较。本书参照 Leng & Parla(2009)的做法,采用利润共享合同(Profit-sharing Contract)进行供应链协调,协调的原则是在保证各方获得分散决策下同等利润的前提下,集中决策(比分散决策)多出来的系统利润再由参与了决策的各方

---

① 和本书一样,大量既往研究(如 Gerstner & Hess,1995;Rhee et al.,2010;Yoo & Seo,2017)也指出,由分散决策引起的双重边际和三重边际效应会造成订货量的下降和供应链利润的损失,这几乎成为理论共识。因此,本书不再对双重边际和三重边际效应做更细致的讨论。

平分。由此可得如下引理①。

引理5.3：在独占、授权和共享策略下，实现供应链协调后，订货量和各方的利润如表5.3所示。

表5.3　独占、授权和共享策略下实现供应链协调后的订货量和各方利润

	独占策略	授权策略	共享策略
订货量(Q_i^{**})	$3(D-c)/(4ab)$	$(D-c)/(2a)$	$(D-c)/(2a)$
高技术企业利润(π_i^{H**})	$15(D-c)^2/(128a)-C$	$7(D-c)^2/(64a)$	$(1+2b+4a-2\alpha b)(D-c)^2/(32a)-C$
代工厂利润(π_i^{F**})	—	$5(D-c)^2/(64a)$	$(D-c)^2(1-\alpha)(2-b)/(16a)$
制造商利润(π_i^{O**})	$9(D-c)^2/(128a)$	$(D-c)^2/(16a)$	$3(D-c)^2/(32a)$
供应链利润(π_i^{S**})	$3(D-c)^2/(16a)-C$	$(D-c)^2/(4a)$	$(D-c)^2/(4a)-C$

注：独占策略下，下标$i=m$；授权策略下，下标$i=l$；共享策略下，下标$i=s$。

证明：在独占策略中，先求出集中决策下的订货量和供应链利润。集中决策下，需要确定一个订货量Q_m以最大化供应链利润，即

$$\max_{Q_m} \pi_m^S = E_\delta[(D-a\delta Q_m)\delta Q_m - \delta Q_m c - C]$$

目标函数可化简为$\pi_m^S = -\dfrac{ab^2 Q_m^2}{3} + \dfrac{bQ_m(D-c)}{2} - C$，其一阶条件解为$Q_m = \dfrac{3D-c}{4ab}$。

容易验证，π_m^S是一个关于Q_m的凹函数（即$\dfrac{\partial^2 \pi_m^S}{\partial Q_m^2} < 0$），因此该一阶条件解就是最

优解，即$Q_m^{**} = \dfrac{3(D-c)}{4ab}$。将$Q_m^{**}$代入$\pi_m^S$，可得集中决策下供应链的最优利润

$\pi_m^{S**} = \dfrac{3(D-c)^2}{16a} - C$。结合引理5.1可知集中决策比分散决策多出来的利润为

$\Delta \pi_m = \pi_m^{S**} - \pi_m^{S*} = \dfrac{3(D-c)^2}{64a}$。接下来采用 Leng & Parlar（2009）中的利润共享合

同进行协调，多出来的利润由高技术企业和制造商平分。因此协调后，高技术企业

的利润为$\pi_m^{H**} = \pi_m^{H*} + \dfrac{\Delta \pi_m}{2} = \dfrac{15(D-c)^2}{125a} - C$，制造商的利润为$\pi_m^{O**} = \pi_m^{O*} + \dfrac{\Delta \pi_m}{2} =$

$\dfrac{9(D-c)^2}{128a}$。

---

① 利润共享合同已被太多文献（如 Leng & Parla，2009；Shang & Yang，2015；Shen et al.，2016；Giovanni，2017）证明是可以实现供应链协调的，且证明过程是标准化的，因此本书省略了类似的证明，而只给出了引理5.3中订货量和各方利润的推导过程。

同理,在授权策略中,先求出集中决策下的订货量和供应链利润。集中决策下,需要确定一个订货量 Q_l 以最大化供应链利润,即

$$\max_{Q_l} \pi_l^S = (D - aQ_l)Q_l - cQ_l$$

上式的一阶条件解为 $Q_l = \dfrac{D-c}{2a}$。容易验证,π_l^S 是一个关于 Q_l 的凹函数,因此该一阶条件解就是最优解,即 $Q_l^{**} = \dfrac{D-c}{2a}$。将 Q_l^{**} 代入 π_l^S 即得集中决策下供应链的最优利润 $\pi_l^{S**} = \dfrac{(D-c)^2}{4a}$。结合引理 5.1 可知集中决策比分散决策多出来的利润为 $\Delta\pi_l = \pi_l^{S**} - \pi_l^{S*} = \dfrac{9(D-c)^2}{64a}$。多出来的利润由高技术企业、代工厂商和制造商平分。因此实现供应链协调后,高技术企业的利润为 $\pi_l^{H**} = \pi_l^{H*} + \dfrac{\Delta\pi_l}{3} = \dfrac{7(D-c)^2}{64a}$,代工厂商的利润为 $\pi_i^{F**} = \pi_i^{F*} + \dfrac{\Delta\pi_l}{3} = \dfrac{5(D-c)^2}{64a}$,制造商的利润为 $\pi_l^{O**} = \pi_l^{O*} + \dfrac{\Delta\pi_l}{3} = \dfrac{(D-c)^2}{16a}$。

同理,在共享策略中,先求出集中决策下的订货量和供应链利润。集中决策下,需要确定一个订货量 Q_s 以最大化供应链利润,即

$$\max_{Q_s} \pi_s^S = (D - aQ_s)Q_s - cQ_s - C$$

上式的一阶条件解为 $Q_s = \dfrac{D-c}{2a}$。容易验证,π_s^S 是一个关于 Q_s 的凹函数,因此该一阶条件解就是最优解,即 $Q_s^{**} = \dfrac{D-c}{2a}$。将 Q_s^{**} 代入 π_s^S 即得集中决策下供应链的最优利润 $\pi_s^{S**} = \dfrac{(D-c)^2}{4a} - C$。结合引理 5.1 可知集中决策比分散决策多出来的利润为 $\Delta\pi_s = \pi_s^{S**} - \pi_s^{S*} = \dfrac{(D-c)^2}{16a}$。由于在分散决策中,代工厂商并不参与任何决策,因此多出来的利润 $\Delta\pi_s$ 并不分给他,即 $\Delta\pi_s$ 由高技术企业和制造商平分。因此,协调后高技术企业的利润为 $\pi_i^{H**} = \pi_i^{H*} + \dfrac{\Delta\pi_s}{2} = \dfrac{(1+2b+4\alpha-2\alpha b)(D-c)^2}{32a} - C$,制造商的利润为 $\pi_s^{O**} = \pi_s^{O*} + \dfrac{\Delta\pi_s}{2} = \dfrac{3(D-c)^2}{32a}$。证毕。

对比引理 5.1 和引理 5.3 容易发现,无论是在何种专利策略下,实现供应链协调后的订货量、高技术企业利润、代工厂商利润、制造商利润和整条供应链利润均高于分散决策下的相应值。这是因为供应链协调消除了分散决策中的双重边际或三重边际效应,实现了帕累托改进。

为研究产出风险的影响,和 5.3.1 节一样,接下来考虑一种特殊情形——没有产出风险($\delta = 1$)时不同策略下的供应链协调。在授权策略下,高技术企业不生产零件,因此高技术企业是否存在随机产出风险对供应链协调没有任何影响,即此时的订货量和各方利润完全如引理 5.3 所显示的一样;在独占策略下,令 $\delta = 1$,然后按照引理 5.3 相同的思路进行求解,即得独占策略下实现供应链协调后的订货量和各方利润,见表 5.4(其中,上标 N 指代的是没有产出风险,即 No Supply Risk 的情形);在共享策略下,由于 $\delta = 1$,代工厂商获得的订单量 $(1 - \delta)Q_s$ 等于 0,即所有订单都由高技术企业自己生产,此时共享策略完全等价于独占策略。

表 5.4　没有产出风险时独占策略下实现供应链协调后的订货量和各方利润

订货量(Q_m^{N**})	高技术企业利润(π_m^{NH**})	制造商利润(π_m^{NO**})	供应链利润(π_m^{NS**})
$(D-c)/(2a)$	$5(D-c)^2/(32a) - C$	$3(D-c)^2/(32a)$	$(D-c)^2(4a)/ - C$

根据引理 5.3 和表 5.4,可得推论 5.4。

推论 5.4:$\pi_m^{NH**} - \pi_m^{H**} > \pi_m^{NH*} - \pi_m^{H*}$,$\pi_m^{NO**} - \pi_m^{O**} > \pi_m^{NO*} - \pi_m^{O*}$ 且 $\pi_m^{NS**} - \pi_m^{S**} > \pi_m^{NS*} - \pi_m^{S*}$。

证明:根据引理 5.3 和表 5.4 可得,$\pi_m^{NH**} - \pi_m^{H**} - (\pi_m^{NH*} - \pi_m^{H*}) = \dfrac{(D-c)^2}{128a}$,即 $\pi_m^{NH**} - \pi_m^{H**} > \pi_m^{NH*} - \pi_m^{H*}$;$\pi_m^{NO**} - \pi_m^{O**} - (\pi_m^{NO*} - \pi_m^{O*}) = \dfrac{(D-c)^2}{128a}$,即 $\pi_m^{NO**} - \pi_m^{O**} > \pi_m^{NO*} - \pi_m^{O*}$;$\pi_m^{NS**} - \pi_m^{S**} - (\pi_m^{NS*} - \pi_m^{S*}) = \dfrac{(D-c)^2}{64a}$,即 $\pi_m^{NS**} - \pi_m^{S**} > \pi_m^{NS*} - \pi_m^{S*}$。证毕。

推论 5.4 表明,在独占策略下,不论是对高技术企业、制造商,还是对整条供应链($\forall i \in \{H, O, S\}$)而言,供应链协调下产出风险引起的利润损失高于分散决策下的相应值($\pi_m^{Ni**} - \pi_m^{i**} > \pi_m^{Ni*} - \pi_m^{i*}$)。这意味着供应链协调会加剧产出风险带来的损失。这是因为,供应链协调消除了双重边际效应,订货量增加,于是随机产出风险的影响就加剧了。由于 $\pi_m^{Ni**} - \pi_m^{i**} > \pi_m^{Ni*} - \pi_m^{i*}$ 等价于 $\pi_m^{Ni**} - \pi_m^{Ni*} >$

$\pi_m^{i**}-\pi_m^{i*}$，因此推论5.4还表明在独占策略下，不论是对高技术企业、制造商，还是对整条供应链（$\forall i \in \{H,O,S\}$）而言，没有产出风险时供应链协调的价值（$\pi_m^{Ni**}-\pi_m^{Ni*}$）高于有产出风险时的相应值（$\pi_m^{i**}-\pi_m^{i*}$）。这意味着产出风险的存在削弱了供应链协调的价值。

5.4.2 专利独占、授权和共享策略的比较

通过比较π_m^{H**}，π_l^{H**}和π_s^{H**}，可得命题5.2。

命题5.2：若$D<\lambda_2$，则$\pi_l^{H**}>\max(\pi_m^{H**},\pi_s^{H**})$。若$D\geq\lambda_2$，则当$b\leq b_2$时，$\pi_m^{H**}\geq\max(\pi_l^{H**},\pi_s^{H**})$；当$b>b_2$时，$\pi_s^{H**}\geq\max(\pi_m^{H**},\pi_l^{H**})$，其中$\lambda_2=\min\left(c+8\sqrt{2aC},c+8\sqrt{\dfrac{aC}{4b+8\alpha-5-4\alpha b}}\right)$且$b_2=\dfrac{11-16\alpha}{8-8\alpha}$。

证明：采用和命题5.1相同的思路，命题5.2同理可证。证毕。

命题5.2表明（如图5.5所示），对高技术企业而言，在供应链协调下，若下游制造商面对的市场规模较小（$D<\lambda_2$），则授权策略占优。若市场规模较大（$D\geq\lambda_2$），此时对高技术企业而言哪种专利策略占优依赖于其供应的可靠性。当可靠性较低（$b\leq b_2$）时，独占策略占优；当可靠性较高（$b>b_2$）时，共享策略占优。命题5.2背后的原因和命题5.1类似，此处不再赘述。

比较命题5.1和命题5.2中的阈值λ_1和λ_2、b_1和b_2，可得推论5.5。

推论5.5：$\lambda_2>\lambda_1$且$b_2<b_1$。

证明：因为$b_1-b_2=\dfrac{3-4\alpha}{2-2\alpha}-\dfrac{11-16\alpha}{8-8\alpha}=\dfrac{1}{8-8\alpha}>0$，所以$b_1>b_2$。

由于

$$\lambda_1=\begin{cases}c+4\sqrt{2aC}, & b\leq b_1 \\ c+4\sqrt{\dfrac{aC}{b+2\alpha-1-\alpha b}}, & b>b_1\end{cases}$$

且

$$\lambda_2=\begin{cases}c+8\sqrt{2aC}, & b\leq b_2 \\ c+8\sqrt{\dfrac{aC}{4b+8\alpha-5-4\alpha b}}, & b>b_2\end{cases}$$

又因为$b_1>b_2$，需分如下情况讨论：

（1）当$b\leq b_2$时，$\lambda_1=c+4\sqrt{2aC}$，$\lambda_2=c+8\sqrt{2aC}$，此时$\lambda_2-\lambda_1=4\sqrt{2aC}>0$，即

$\lambda_2 > \lambda_1$。

（2）当 $b_2 < b \leqslant b_1$ 时，$\lambda_1 = c + 4\sqrt{2aC}$，$\lambda_2 = c + 8\sqrt{\dfrac{aC}{4b + 8\alpha - 5 - 4\alpha b}}$。容易发现

λ_2 关于 b 单调递减，故有 $\lambda_2 \geqslant c + 8\sqrt{\dfrac{aC}{4b_1 + 8\alpha - 5 - 4\alpha b_1}} = c + 8\sqrt{aC}$。因此 $\lambda_2 - \lambda_1 \geqslant$

$c + 8\sqrt{aC} - (c + 4\sqrt{2aC}) = 4(2 - \sqrt{2})\sqrt{aC} > 0$，即 $\lambda_2 > \lambda_1$。

（3）当 $b > b_1$ 时，$\lambda_1 = c + 4\sqrt{\dfrac{aC}{b + 2\alpha - 1 - \alpha b}}$，$\lambda_2 = c + 8\sqrt{\dfrac{aC}{4b + 8\alpha - 5 - 4\alpha b}}$。

此时

$$\lambda_2 - \lambda_1 = 4\sqrt{aC}\left(\frac{2}{\sqrt{4b + 8\alpha - 5 - 4\alpha b}} - \frac{1}{\sqrt{b + 2\alpha - 1 - \alpha b}}\right)$$

$$= 4\sqrt{aC} \cdot \frac{\sqrt{4(b + 2\alpha - 1 - \alpha b)} - \sqrt{4b + 8\alpha - 5 - 4\alpha b}}{\sqrt{4b + 8\alpha - 5 - 4\alpha b}\sqrt{b + 2\alpha - 1 - \alpha b}}$$

因为 $4(b + 2\alpha - 1 - \alpha b) > (4b + 8\alpha - 5 - 4\alpha b)$ 即 $\sqrt{4(b + 2\alpha - 1 - \alpha b)} - \sqrt{4b + 8\alpha - 5 - 4\alpha b} > 0$，所以 $\lambda_2 > \lambda_1$。

综上，总有 $\lambda_2 > \lambda_1$。证毕。

推论 5.5 表明（如图 5.5 所示），对高技术企业而言，在对比供应专利与供应零件时，和分散决策相比，供应链协调使授权策略即供应专利占优的区间变大了（$\lambda_2 > \lambda_1$）；而供应零件时，供应链协调又使高技术企业更倾向于共享（$b_2 < b_1$）。这是因为，协调的主要作用消除了多重边际效应（Multiple Marginalization）。在独占和共享策略中，协调消除的是双重边际效应，而在授权策略中，协调消除的是三重边际效应，即协调给授权策略带来了更多的好处，因此授权策略占优的区间变大了。除此之外，由推论 5.4 可知，在独占策略下，产出风险的存在会削弱供应链协调的价值，而共享恰好可以很好地应对产出风险。因此，协调会使高技术企业更不愿技术独占而更愿意技术共享。推论 5.5 的管理启示是，供应链协调会在很大程度上削弱技术垄断（独占策略）给高技术企业带来的好处，并导致高技术企业更倾向于专利共享或专利授权。

前面比较了 3 种专利策略下的高技术企业利润，接下来本书将比较 3 种专利策略下的供应链利润（社会福利）。

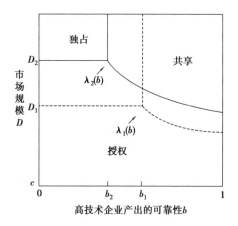

图 5.5　不同专利策略占优的条件在分散决策和供应链协调之间的比较[①]

注: $D_1 = c + 4\sqrt{2aC}$; $D_2 = c + 8\sqrt{2aC}$; $b_1 = \dfrac{3-4\alpha}{2-2\alpha}$; $b_2 = \dfrac{11-16\alpha}{8-8\alpha}$; $\lambda_1(b) = \min\left(c + 4\sqrt{2aC}, c + 4\sqrt{\dfrac{aC}{b+2\alpha-1-\alpha b}}\right)$; $\lambda_2(b) = \min\left(c + 8\sqrt{2aC}, c + 8\sqrt{\dfrac{aC}{4b+8\alpha-5-4\alpha b}}\right)$。

命题 5.3: $\forall j \in \{m, s\}$, 总有 $\pi_l^{S**} > \pi_j^{S**}$。

证明: 根据命题 5.2 有 $\pi_l^{S**} - \pi_m^{S**} = \dfrac{(D-c)^2}{16a} + C$, $\pi_l^{S**} - \pi_s^{S**} = C$, 因此, $\pi_l^{S**} > \pi_m^{S**}$ 且 $\pi_l^{S**} > \pi_s^{S**}$。证毕。

命题 5.3 表明,对整条供应链而言,授权策略总是优于其他策略。这是因为,授权策略可以应对产出风险,节约启动成本,而供应链协调又完全消除了它的负面效应——三重边际效应,因此对整条供应链而言,授权策略最优。这说明,授权策略是实现社会福利最大化(社会最优)的专利策略。

接下来分析对高技术企业而言最优的专利策略(命题 5.2)和社会最优(命题 5.3)之间的差别。为分析的方便,把命题 5.2 改写为:对高技术企业而言,若 $D < \lambda_2$,则授权策略占优;若 $D \geqslant \lambda_2$,则当 $\alpha \leqslant \alpha_2$ 时独占策略占优;当 $\alpha > \alpha_2$ 时,共享策略占优,其中 $\lambda_2 = \min\left(c + 8\sqrt{2aC}, c + 8\sqrt{\dfrac{aC}{4b+8\alpha-5-4\alpha b}}\right)$ 且 $\alpha_2 = \dfrac{11-8b}{16-8b}$。再结

①图形内部的实线表示供应链协调下各专利策略占优的分界线,而虚线表示分散决策下各专利策略占优的分界线。

合命题5.3,可得图5.6。从图5.6中容易发现,若 $D < \lambda_2$,对高技术企业和整条供应链而言,授权策略占优;若 $D \geq \lambda_2$,对整条供应链而言授权策略占优,但是对高技术企业而言独占或共享策略占优。这意味着,对高技术企业而言最优的专利策略和社会最优之间存在一定程度的偏离(扭曲),且图中阴影部分就是出现扭曲的区域。这种扭曲源自授权策略给高技术企业带来的优势不足。因为在授权策略下,高技术企业在授权专利的同时把零件的生产权也让渡给了代工厂商,所以代工厂商在供应链协调中会拿走一部分本属于高技术企业的利润,这就导致当 $D \geq \lambda_2$ 时,需从社会最优的角度来看授权策略占优,而对高技术企业而言却是独占或共享策略占优。

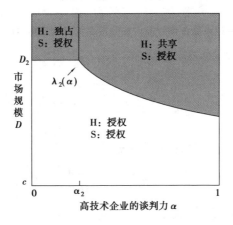

图5.6 对高技术企业而言最优的专利策略和社会最优之间的扭曲

注:H 指代"对高技术企业而言";S 指代"对整条供应链而言";$\alpha_2 = \dfrac{11 - 8b}{16 - 8b}$;

$$D_2 = c + 8\sqrt{2aC}; \lambda_2(\alpha) = \min\left(c + 8\sqrt{2aC}, c + 8\sqrt{\dfrac{aC}{4b + 8\alpha - 5 - 4\alpha b}}\right)。$$

推论5.6:$\dfrac{\partial \lambda_2}{\partial b} \leq 0$ 且 $\dfrac{\partial \lambda_2}{\partial C} > 0$。

证明:由于 $\lambda_2 = \min\left(c + 8\sqrt{2aC}, c + 8\sqrt{\dfrac{aC}{4b(1 - \alpha) + 8\alpha - 5}}\right)$,显然,$\dfrac{\partial \lambda_2}{\partial b} \leq 0$ 且

$\dfrac{\partial \lambda_2}{\partial C} > 0$。证毕。

推论5.6表明,随着可靠性的降低,图5.6中阴影区域缩小(曲线 λ_2 上移),即对高技术企业而言,最优的专利策略和社会最优之间的扭曲缓解;随着启动成本的降低,图5.6中阴影区域增大(曲线 λ_2 下移),即对高技术企业而言,最优的专利策

略和社会最优之间的扭曲加剧。这是因为,上述扭曲源自授权策略给高技术企业带来的优势不足,而授权策略具有应对产出风险的作用,因此产出风险的增加(即可靠性的降低)会使授权策略的优势增加,于是扭曲就减缓了;同时,对高技术企业而言,授权策略还有节省启动成本的作用,因此启动成本越低,授权策略的优势越小,于是扭曲就加剧了。值得注意的是,既往研究强调了高风险(低可靠性)带来的损失(如 Tang & Kouvelis,2011;Hosoda et al.,2015;Huang et al.,2018)和低成本带来的好处(如 Ha et al.,2017;Broekmeulen et al.,2017)。然而出人意料的是,上述结论表明较高的产出风险也会给供应链带来好处——缓解了对高技术企业而言最优的专利策略和社会最优之间的扭曲;较低的启动成本也会给供应链带来坏处——加剧了对高技术企业而言最优的专利策略和社会最优之间的扭曲。

5.5　本章小结

采取合适的专利策略是高技术企业关注的核心问题之一。本章研究了存在随机产出风险的高技术生产企业的专利运作策略。模型考虑一个高技术企业成功研发了一种核心专利技术,它可以供应专利,即做一个纯粹的专利供应商(专利授权策略);也可以供应零件,但需要投入启动成本并面临自身的随机产出风险。供应零件时,它可以把专利共享给一个代工厂商,当其随机产出实现且不满足下游订单时由代工厂商把不足的订单补上(专利共享策略);也可以不共享,即完全由自己生产(专利独占策略)。

研究发现,在分散决策下,对高技术企业而言,若下游制造商面对的市场规模较小,高技术企业应该供应专利;若市场规模较大,高技术企业应该供应零件。供应零件时,由于共享策略可以很好地应对产出风险,因此根据直觉很容易认为,高技术企业的可靠性越低越愿意共享。然而结论恰好相反:对高技术企业而言,当可靠性较低时,专利独占策略占优;当可靠性较高时,专利共享策略占优。这是因为,共享在缓解风险的同时,也引入了竞争。而且,高技术企业的可靠性越低,代工厂商获得的订单越多,高技术企业在竞争中越处于弱势地位。因此,当可靠性较低时,共享使高技术企业分出去的订单太多以至于专利独占策略反而更优。当高技术企业的可靠性较高时,高技术企业只需分少量订单给代工厂商就能达到缓解产出风险的目的,因此专利共享策略更优。除此之外,本书还用利润共享合同分别对专利独占、授权和共享策略下的供应链进行了协调,并发现和分散决策相比,供应链协调使专利授权策略占优的区间扩大,使专利独占策略占优的区间缩小。对高技术企业而言,最优的专利策略和社会最优(即对整个供应链系统而言最优的专利策略)之间存在一定程度的扭曲,且扭曲的程度竟然随启动成本的降低而加剧,随可靠性的降低而缓解。

本研究将为企业的运作实践带来重要的管理启示。在运作实践中,很多企业往往不愿将专利授权或共享给其他公司。然而本章的研究结论表明,当一个企业在技术上拥有优势而在生产上具有劣势(比如产出不稳定、残次品高等)时,可以考虑将自己的技术专利授权或共享给在生产上具有优势(如生产经验丰富、生产工艺成熟)的代工厂商。特别是当市场潜在需求较小时,企业应该把专利授权出去,即放弃生产而做一个纯粹的专利供应商。而当市场潜在需求较大且企业生产上的劣势不明显时,企业应该把专利共享给代工厂商,以便在生产上遇到问题且不能满足下游订单时由代工厂商来补足订单。

6 市场需求风险下考虑供应链产能约束和不对称信息下的采购机制设计

6.1 引　言

　　麦肯锡(McKinsey)在 2010 年发布的针对全球企业高管的调查报告显示,企业当前面临的最大风险源于需求的不确定性(McKinsey,2010)。而美国金融专家协会(AFP)也在一份 2016 年发布的调查报告中指出,40% 的企业高管认为需求的不确定性是企业未来遭遇的最大风险(AFP,2016)。为应对需求的不确定性,很多企业会在需求实现之前以较低的成本采购一部分产品(即推式订货),然后在需求实现之后以较高的成本紧急采购部分产品(即拉式订货)(Cachon,2004)。例如,苹果公司经常采用推式和拉式相结合的策略采购显示器和金属机壳,而波音公司用该策略采购飞机座椅(Wall Street Journal,2013;Huang et al.,2018)。在运作实践中,很多企业特别是那些高技术企业的产能往往是有限的,因此除了需求风险,产能约束也是企业采购时需要考虑的重要问题之一。例如在 2013 年,由于金色版 iPhone 5s 倍受中国顾客的欢迎,该机型的预定数量超出了预期,苹果公司临时要求供应商增产三分之一。然而,即便采用了推式和拉式订货相结合的策略,苹果还是无法大量地推出金色版 iPhone 5s 并导致该机型长时间的短缺,因为只有极少数的供应商能达到苹果公司的技术和质量要求(Wall Street Journal,2013)。更糟糕的是,当一个行业所有供应商都面临严重短缺时,下游企业可能无法通过拉式订货获得任何零件。例如在 2014 年,由于创纪录的需求,卓达和 B/E 宇航集团无法完成波音公司所要求的可躺式飞机座椅的工作量。与此同时,由于根本没有其他企业能够提供紧急供货,波音公司被迫推迟了数架 787 梦幻客机的交货期并造成了巨额的经济损失(Huang et al.,2018)。

　　上述案例说明,在随机需求和产能约束的背景下,如何实施推式和拉式订货对企业而言是一个重要的运作管理问题。企业需要决定在推式订货中使用多少产能,在拉式订货中又使用多少产能。其中,推式订货在需求实现之前实施,采购成本更低但面临需求的不确定性;拉式订货在需求实现之后实施,采购成本更高但面临确定性需求。除此之外,不对称信息是企业采购决策时需要面临的另一个问题。《工业周刊》(*Industry Week*)2009 年发布的调查报告显示,超过 40% 的企业对其一级供应商缺乏了解,而对二级供应商而言,缺乏了解的比例高达 75% (Huang et al. ,2018)。在运作实践中,生产成本是供应商最常见的私有信息,而企业往往需要设计一种机制去解决这类信息不对称问题(Chaturvedi & Martínez-de-Albéniz, 2011,Duenyas et al. ,2013)。因此,不对称信息的存在将如何影响推式和拉式订货之间的产能分配,是另一个重要的研究议题。

既往研究中,有三个流派的文献和本章直接相关。第一个流派的文献关注的是产能约束下的双源或多源采购问题。在 EOQ 模型中,Rosenblatt et al. (1998)研究了企业面临多个具有产能约束的供应商时的订货策略。在考虑物流成本和供应商产能约束的前提下,Ghodsypour & O'Brien (2001)提出了一个混合整数非线性规划模型用以选择供应商并确定采购数量。Qi(2007)求出了买方面对价格敏感需求和多个具有产能约束的供应商时的最优订货和售价决策。Yazlali & Erhun(2009)研究了一个定期检查库存问题,其中制造商面对的两个供应商具有产能约束和连续提前期。Iakovou et al. (2010)研究了一个随机库存决策模型,其中两个供应商具有供应风险和产能约束。Zhang & Hua(2013)研究了一个定期检查库存问题,其中买方实施采购时将产生一个固定成本且成本更低的那个供应商具有产能约束。在三源采购的框架下,Mohammadzadeh & Zegordi(2016)研究了一个供应商具有供应中断风险而其他两个供应商具有产能约束时制造商的最优订货策略。

第二个流派的文献关注的是需求风险下的拉式订货问题。Cachon(2004)在随机需求下定义了两种不同的订货模式:需求未知时(即需求实现前)向供应商订货的推式订货策略;获知需求后(即需求实现后)向供应商订货的拉式订货策略。Dong & Zhu(2007)在随机需求下考虑了一条由供应商和零售商组成的供应链,其中供应商在销售季节来临之前开始生产,零售商有两种不同的订货策略——在供应商生产决策之前提前订货(即推式订货),在供应商生产完成且观察到需求之后的延迟订货(拉式订货),研究发现,当库存所有权由共享转移到个体时,可能实现帕累托改进,而且这种改进在推式订货策略下更容易发生。Fu et al. (2009)分析了制造商面临随机需求时的零件采购问题,其中制造商需要多种不同的零件以组装产品,对每一种零件而言,制造商既可以在需求实现之前以正常的价格采购零部件(推式订货),也可以在需求实现之后以更高的价格采购零部件(拉式订货)。Xing et al. (2012)研究了随机需求下的零售商决策问题,其中零售商既要在需求实现之前确定销售价格和向主供应商订货的数量,还要在需求实现之后确定从现货市场补货的数量,研究发现,当现货市场流动性增加时,零售商应该降低零售价格。Sali & Giard(2015)在随机需求下探讨了存在拉式订货选项的 MRP(Material Requirement Planning)系统的库存决策问题。当主供应商出现供应中断时,李新军等(2016)比较了有两种期权执行模式,其中一种是需求未知情况下提前向后备供应商订货的推式订货模式,另一种是获知需求后再向后备供应商订货的推式与拉式相结合的订货模式。

第三个流派的文献关注的是不对称信息下的采购机制设计问题。Chen(2007)设计了买方面对多个具有成本私有信息的供应商时的最优采购拍卖机制。Iyengar & Kumar(2008)设计了供应商具有两个维度私有信息(成本和产能)下的多源采购机制。Yang et al. (2009)研究了供应商具有可靠性私有信息下的单源采购合同设计问题,其中一旦发生供应中断,供应商可以选择支付罚金或启动紧急生产。Li & Jhang-Li(2011)研究了多个供应商具有相同产能时的网上拍卖机制设计问题。Chaturvedi & Martínez-de-Albéniz(2011)研究了买方面对多个具有私有成本和私有可靠性信息的供应商时的多源采购机制设计。Li & Scheller-Wolf(2011)研究了一个面临随机需求的采购商面对多个供应商时的公开降价拍卖机制,每个供应商拥有生产成本的私有信息,采购商可以提供推式或拉式合同,该研究求出了推式合同和拉式合同各自的占优条件,并发现在拉式合同中,采购商可能无法从拍卖参与者数量的增加中受益。Duenyas et al. (2013)提出了一种修正的公开降价采购拍卖机制,这种机制操作起来十分简单且不失最优性。Budde & Minner(2014)考虑了一个在需求不确定情形下可以从多个供应商处采购的"报童问题",其中供应商的制造成本是私有信息,比较了不同拍卖形式(首价和次价)和需求风险分担合同(推式和拉式)的组合,研究发现,推式合同下的首价拍卖对制造商而言最好。Gupta(2016)设计了可用于任意可行性约束集下的修正 VCG 多源采购机制。Nosoohi & Nookabadi(2017)研究了制造商面对随机需求和不对称信息时的期权合同设计。

纵观既往文献,尽管分别研究推式和拉式订货策略的文献不胜枚举,两者的对比研究也很多,但是关于产能约束和不对称信息两者相结合的研究还没有。因此,理论上亟待解决的科学问题是,同时考虑推式和拉式订货策略的采购机制如何设计?如何在推式和拉式订货中分配有限的产能?如何确定采购数量和支付方式?

产能约束对制造商的利润会产生怎样的影响？这种影响在对称和不对称信息情形下具有怎样的区别？

6.2 模型描述

考虑一个制造商需向两个潜在供应商采购一种关键零部件以制造产品。不失一般性，设每单位产品需要一单位的该零件（Pun，2014），制造商除采购成本之外的其他成本标准化为 0（Lahiri & Dey，2013；Guo & Iyer，2013）。供应商 $i(i=1,2)$ 的单位生产成本 c_i 是其私有信息，且设 c_1 和 c_2 服从 $[0,\bar{c}]$ 上分布函数为 F、密度函数为 f 的独立同分布。这两个供应商都具有产能约束且设他们的产能都为 k（两个供应商具有不同产能的情形将在 6.3.4 小节、6.4.3 小节和 6.5 节探讨）。制造商面对的市场需求 D 是不确定的，设 D 服从 $[0,\infty]$ 上分布函数为 G、密度函数为 g 的一个分布。产品的市场价格为 p。

根据需求是否实现，可将采购过程分为两个阶段。第一阶段，在需求实现之前，制造商通过一个事先设计好的采购机制向两个供应商订货，其中 Q_i 表示向供应商 i 订货的数量且 $Q_i\in[0,k]$。为方便起见，本章将第一阶段的订货行为称为推式订货。第二阶段，需求的不确定性已经消失即需求已经实现（这可以理解为制造商已经收到了市场端的订单），但供应商的常规生产（即针对推式订单的生产）尚未完成，制造商可以向还有产能剩余的供应商订购数量为 Q_b 的零件。为方便起见，本章将第二阶段的订货行为称为拉式订货，而企业的这种拉式订货策略在运作实践（如 6.1 节中提到的苹果公司和波音公司）和理论研究（如 Cachon，2004；Sali & Giard，2015）中都非常常见。考虑到推式订货和拉式订货的订单需同时交付以便于制造商加工生产，供应商处理拉式订单时需启动紧急生产模式，即原材料须紧急运输，工人须加班加点，机器须超负荷运转等。因此紧急生产成本比常规生产成本更高即 $c_b \geqslant \bar{c}$，且设不同的供应商具有相同的紧急生产成本（Yang et al.，2009）。为确保制造商能够从拉式订货中获利，还需假设 $c_b < p$。上述所有设定中，除 c_i 是供应商 i $(i=1,2)$ 的私有信息之外，其他量均为共同知识。整个事件的时间顺序如下：

阶段 1，在需求实现之前，制造商通过一个事先设计好的机制向两个潜在供应商订购数量为 Q_r 的零件，其中 $Q_r = \sum_{i=1}^{2} Q_i$ 是总的推式订货数量。

阶段 2，需求已经实现但供应商还没有完成常规生产，制造商决定拉式订货数量 Q_b。

阶段3,制造商将供应商交付的零件加工成产品以满足市场需求。超订的零件作废(残值为0),未满足的需求丧失。事件的时间顺序如图6.1所示。

图6.1 事件的时间顺序

6.3 对称信息下的采购决策分析

为分析不对称信息对采购策略的影响,先求解对称信息下的采购决策并将其作为一种基准情形。在对称信息下,供应商 $i(i=1,2)$ 的单位常规生产成本 c_i 也是共同知识。不失一般性,设 $c_1 < c_2$。下面采用逆向归纳法先分析阶段2的决策即拉式订货决策,再分析阶段1的决策即推式订货决策。

6.3.1 拉式订货决策

在阶段2,制造商根据需求的实现值确定一个拉式订货数量 Q_b^s(上标 s 是对称信息的标签,以便和不对称信息下的相应变量进行区分,下同)。给定推式订货数量 Q_r^s,制造商通过拉式订货获取的利润为

$$\pi_2^s = \begin{cases} -c_b Q_b^s, & D \leqslant Q_r^s \\ p(D - Q_r^s) - c_b Q_b^s, & Q_r^s < D \leqslant Q_b^s + Q_r^s \\ p Q_b^s - c_b Q_b^s, & D > Q_b^s + Q_r^s \end{cases}$$

它等价于

$$\pi_2^s = p \cdot \max[0, \min(D - Q_r^s, Q_b^s)] - c_b Q_b^s \qquad (6.1)$$

其中, $p \cdot \max[0, \min(D - Q_r^s, Q_b^s)]$ 和 $c_b Q_b^s$ 分别是制造商通过拉式订货获取的收益和花费的成本。值得注意的是,由于推式订货的订单还在生产中,因此供应商能用于紧急生产的产能只有 $2k - Q_r^s$。鉴于此,制造商的拉式订货决策问题为

$$P_b^s : \max_{Q_b^s} \pi_2^s$$

$$\text{s. t. } Q_b^s \in [0, 2k - Q_r^s]$$

解上述规划,可得引理6.1。

引理 6.1：在对称信息下，给定推式订货数量 Q_r^s，制造商最优的拉式订货量为

$$Q_b^{s*} = \max\left[0, \min\left(D - Q_r^s, 2k - Q_r^s\right)\right] \tag{6.2}$$

证明： 由于 $Q_b^s \in \left[0, 2k - Q_r^s\right]$，上述规划的目标函数可改写为

$$\pi_2^s = \begin{cases} -c_b Q_b^s, & D \leqslant Q_r^s \\ p \cdot \min\left(D - Q_r^s, Q_b^s\right) - c_b Q_b^s, & Q_r^s < D \leqslant 2k \\ pQ_b^s - c_b Q_b^s, & D > 2k \end{cases}$$

下面分三种情况讨论：

(1)当 $D \leqslant Q_r^s$ 时，由于 $\dfrac{\partial \pi_2^s}{\partial Q_b^s} = -c_b < 0$，因此 π_2^s 在 $Q_b^s = 0$ 处取得最大值。

(2)当 $Q_r^s < D \leqslant 2k$ 时，π_2^s 可化为

$$\pi_2^s = \begin{cases} pQ_b^s - c_b Q_b^s, & Q_b^s \leqslant D - Q_r^s \\ p\left(D - Q_r^s\right) - c_b Q_b^s, & Q_b^s > D - Q_r^s \end{cases}$$

显然，π_2^s 在 $Q_b^s = D - Q_r^s$ 处连续。而且，若 $Q_b^s \leqslant D - Q_r^s$，则 $\dfrac{\partial \pi_2^s}{\partial Q_b^s} = p - c_b > 0$；若 $Q_b^s > D - Q_r^s$ 则 $\dfrac{\partial \pi_2^s}{\partial Q_b^s} = -c_b < 0$。因此 π_2^s 在 $Q_b^s = D - Q_r^s$ 处取得最大值。

(3)当 $D > 2k$ 时，由于 $\dfrac{\partial \pi_2^s}{\partial Q_b^s} = p - c_b > 0$，$\pi_2^s$ 在 $Q_b^s = 2k - Q_r^s$ 处取得最大值。

综上，$Q_b^{s*} = \max\left[0, \min\left(D - Q_r^s, 2k - Q_r^s\right)\right]$。证毕。

引理 6.1 表明，在需求实现之后，制造商只需利用供应商的剩余产能尽可能地把需求量和推式订货数量之间的差额（即 $D - Q_r^s$）补上，前提是这个差额是正的。另外，由于两个供应商具有相同的单位紧急生产成本，因此 Q_b^{s*} 可以在拥有剩余产能的供应商之间随意分配。

由于剩余产能总是非负的，即 $2k - Q_r^s \geqslant 0$，因此式(6.2)可以改写为

$$Q_b^{s*} = \begin{cases} 0, & D \leqslant Q_r^s \\ \min\left(D - Q_r^s, 2k - Q_r^s\right), & D > Q_r^s \end{cases}$$

将它代入式(6.1)，即得制造商通过拉式订货获取的利润：

$$\pi_2^{s*} = \left(p - c_b\right) \cdot \max\left[0, \min\left(D - Q_r^s, 2k - Q_r^s\right)\right]$$

6.3.2 推式订货决策

在阶段 1，制造商的期望利润可表示为

$$\pi^s = E_D\big[\,\pi_2^{s\,*} + p \cdot \min(Q_r^s, D) - \sum_{i=1}^{2} c_i Q_i\,\big]$$

其中，$Q_r^s = \sum_{i=1}^{2} Q_i$。上式中，$\pi_2^{s\,*}$ 是制造商通过拉式订货获得的利润，$p \cdot \min(Q_r^s, D)$ 是制造商通过推式订货获得的收益，$\sum_{i=1}^{2} c_i Q_i$ 是推式订货成本。值得注意的是，由于 $c_1 < c_2$，给定任意推式订货总数量 $Q_r^s \in [0, 2k]$，如下订单分配方式可以最小化推式订货成本：若 $0 \leqslant Q_r^s \leqslant k$，则 $Q_1 = Q_r^s, Q_2 = 0$；若 $k < Q_r^s \leqslant 2k$，则 $Q_1 = k, Q_2 = Q_r^s - k$。这意味着制造商总是会优先把推式订货的订单分配给低成本供应商直到其产能用完（即"低成本者优先"原则）。由此可得 $Q_1 = \min(Q_r^s, k)$，$Q_2 = \max(Q_r^s - k, 0)$，从而 π^s 可改写为

$$\pi^s = E_D\big[\,\pi_2^{s\,*} + p \cdot \min(Q_r^s, D)\,\big] - c_1 \cdot \min(Q_r^s, k) - c_2 \cdot \max(Q_r^s - k, 0)$$

制造商的推式订货问题为

$$P_r^s : \max_{Q_r^s} \pi^s$$

$$\text{s. t. } 0 \leqslant Q_r^s \leqslant 2k$$

求解上述规划，即得引理 6.2。

引理 6.2：在对称信息下，制造商最优的推式订货总数量为

$$Q_r^{s\,*} = \max\left\{\min\Big[G^{-1}\Big(1 - \frac{c_1}{c_b}\Big), k\Big], \min\Big[G^{-1}\Big(1 - \frac{c_2}{c_b}\Big), 2k\Big]\right\} \tag{6.3}$$

供应商 $i\,(i = 1, 2)$ 能分得的订单数量（订货量）为

$$Q_i^* = \max\left\{0, \min\Big[G^{-1}\Big(1 - \frac{c_i}{c_b}\Big) - (i - 1)k, k\Big]\right\}$$

证明：上述规划的目标函数可化为

$$\pi^s = (p - c_b)\int_0^{\infty} \max\big[0, \min(D - Q_r^s, 2k - Q_r^s)\big]g(D)\mathrm{d}D$$

$$+ p\int_0^{\infty} \min(Q_r^s, D)g(D)\mathrm{d}D - c_1 \cdot \min(Q_r^s, k) - c_2 \cdot \max(Q_r^s - k, 0)$$

其中，

$$\int_0^{\infty} \max\big[0, \min(D - Q_r^s, 2k - Q_r^s)\big]g(D)\mathrm{d}D$$

$$= \int_{Q_r^s}^{2k} (D - Q_r^s)g(D)\mathrm{d}D + \int_{2k}^{\infty} (2k - Q_r^s)g(D)\mathrm{d}D$$

$$= 2k - Q_r^s - \int_{Q_r^s}^{2k} G(D)\,\mathrm{d}D$$

且

$$\int_0^\infty \min(Q_r^s, D)g(D)\,\mathrm{d}D = Q_r^s - \int_0^{Q_r^s} G(D)\,\mathrm{d}D$$

因此

$$
\begin{aligned}
\pi^s &= (p - c_b)\left[2k - Q_r^s - \int_{Q_r^s}^{2k} G(D)\,\mathrm{d}D\right] + p\left[Q_r^s - \int_0^{Q_r^s} G(D)\,\mathrm{d}D\right] \\
&\quad - c_1 \cdot \min(Q_r^s, k) - c_2 \cdot \max(Q_r^s - k, 0) \\
&= (p - c_b)\left\{2k - \int_0^{2k} G(D)\,\mathrm{d}D - \left[Q_r^s - \int_0^{Q_r^s} G(D)\,\mathrm{d}D\right]\right\} + p\left[Q_r^s - \int_0^{Q_r^s} G(D)\,\mathrm{d}D\right] \\
&\quad - c_1 \cdot \min(Q_r^s, k) - c_2 \cdot \max(Q_r^s - k, 0)
\end{aligned}
$$

令 $R(Q) = p\left[Q - \int_0^Q G(D)\,\mathrm{d}D\right]$，于是有

$$\pi^s = \left(1 - \frac{c_b}{p}\right)R(2k) + \frac{c_b}{p}R(Q_r^s) - c_1 \cdot \min(Q_r^s, k) - c_2 \cdot \max(Q_r^s - k, 0)$$

它等价于

$$
\pi^s(Q_r^s) =
\begin{cases}
\left(1 - \dfrac{c_b}{p}\right)R(2k) + \dfrac{c_b}{p}R(Q_r^s) - c_1 Q_r^s, & 0 \leqslant Q_r^s \leqslant k \\[2mm]
\left(1 - \dfrac{c_b}{p}\right)R(2k) + \dfrac{c_b}{p}R(Q_r^s) - c_1 k - c_2(Q_r^s - k), & k < Q_r^s \leqslant 2k
\end{cases}
$$

显然，上述分段函数在 $Q_r^s = k$ 处连续但不可导，而且 $\pi^s(Q_r^s)$ 分别在第一段和第二段上都是凹的。在第一段，一阶条件解为 $Q_r^s = G^{-1}\left(1 - \dfrac{c_1}{c_b}\right)$；在第二段，一阶条件解为 $Q_r^s = G^{-1}\left(1 - \dfrac{c_2}{c_b}\right)$。由于 $G^{-1}\left(1 - \dfrac{c_2}{c_b}\right) < G^{-1}\left(1 - \dfrac{c_1}{c_b}\right)$，为求出 $\pi^s(Q_r^s)$ 的全局最优解，需进行如下讨论：

（1）当 $k > G^{-1}\left(1 - \dfrac{c_1}{c_b}\right)$ 时，有 $0 < G^{-1}\left(1 - \dfrac{c_2}{c_b}\right) < G^{-1}\left(1 - \dfrac{c_1}{c_b}\right) < k$，此时 $\pi^s(Q_r^s)$ 在 $[0, k]$ 上是单峰函数且在 $(k, 2k]$ 上单调递减。因此，$\pi^s(Q_r^s)$ 在 $Q_r^s = G^{-1}\left(1 - \dfrac{c_1}{c_b}\right)$ 处取得最大值。

（2）当 $G^{-1}\left(1 - \dfrac{c_2}{c_b}\right) \leqslant k \leqslant G^{-1}\left(1 - \dfrac{c_1}{c_b}\right)$ 时，$\pi^s(Q_r^s)$ 在 $[0, k]$ 上单调递增且在 $(k, 2k]$

上单调递减。因此，$\pi^s(Q_r^s)$ 在 $Q_r^s = k$ 处取得最大值。

（3）当 $\dfrac{1}{2}G^{-1}\left(1-\dfrac{c_2}{c_b}\right) < k < G^{-1}\left(1-\dfrac{c_2}{c_b}\right)$ 时，有 $k < G^{-1}\left(1-\dfrac{c_2}{c_b}\right) < 2k$ 且 $k < G^{-1}\left(1-\dfrac{c_1}{c_b}\right)$，此时 $\pi^s(Q_r^s)$ 在 $[0,k]$ 上单调递增且在 $(k,2k]$ 上是单峰函数。因此，$\pi^s(Q_r^s)$ 在 $Q_r^s = G^{-1}\left(1-\dfrac{c_2}{c_b}\right)$ 处取得最大值。

（4）当 $k \leqslant \dfrac{1}{2}G^{-1}\left(1-\dfrac{c_2}{c_b}\right)$ 时，有 $G^{-1}\left(1-\dfrac{c_1}{c_b}\right) > G^{-1}\left(1-\dfrac{c_2}{c_b}\right) \geqslant 2k$，此时 $\pi^s(Q_r^s)$ 在 $[0,2k]$ 上单调递增。因此，$\pi^s(Q_r^s)$ 在 $Q_r^s = 2k$ 处取得最大值。

综上，

$$Q_r^{s*} = \begin{cases} G^{-1}\left(1-\dfrac{c_1}{c_b}\right), & k > G^{-1}\left(1-\dfrac{c_1}{c_b}\right) \\[2ex] k, & G^{-1}\left(1-\dfrac{c_2}{c_b}\right) \leqslant k \leqslant G^{-1}\left(1-\dfrac{c_1}{c_b}\right) \\[2ex] G^{-1}\left(1-\dfrac{c_2}{c_b}\right), & \dfrac{1}{2}G^{-1}\left(1-\dfrac{c_2}{c_b}\right) < k < G^{-1}\left(1-\dfrac{c_2}{c_b}\right) \\[2ex] 2k, & 0 < k \leqslant \dfrac{1}{2}G^{-1}\left(1-\dfrac{c_2}{c_b}\right) \end{cases}$$

即 $Q_r^{s*} = \max\left\{\min\left[G^{-1}\left(1-\dfrac{c_1}{c_b}\right),k\right],\min\left[G^{-1}\left(1-\dfrac{c_2}{c_b}\right),2k\right]\right\}$。根据"低成本者优先原则"，对供应商 $i(i=1,2)$ 而言，$Q_i^* = \max\left\{0,\min\left[G^{-1}\left(1-\dfrac{c_i}{c_b}\right)-(i-1)k,k\right]\right\}$。证毕。

令 $q_i^s = G^{-1}\left(1-\dfrac{c_i}{c_b}\right)$，它本质上就是当边际推式订货成本为 c_i 且供应商 i 具有无限产能时制造商的最优推式订货数量。这意味着在产能约束下，当 $k < q_1^s$ 时，供应商 1（低成本供应商）处于产能的紧约束中；当 $2k < q_2^s$ 时，两个供应商都处于产能的紧约束中。于是，引理 6.2 可转化为

$$Q_r^{s*} = \max[\min(q_1^s,k),\min(q_2^s,2k)] = \begin{cases} q_1^s, & \text{if } k > q_1^s \\[1.5ex] k, & \text{if } q_2^s \leqslant k \leqslant q_1^s \\[1.5ex] q_2^s, & \text{if } \dfrac{1}{2}q_2^s < k < q_2^s \\[1.5ex] 2k, & \text{if } 0 < k \leqslant \dfrac{1}{2}q_2^s \end{cases}$$

$$Q_1^* = \max\left[0, \min(q_1^s, k)\right] = \begin{cases} q_1^s, \text{if } k > q_1^s \\ k, \text{if } 0 < k \leqslant q_1^s \end{cases}$$

和

$$Q_2^* = \max\left[0, \min(q_2^s - k, k)\right] = \begin{cases} 0, \text{if } k \geqslant q_2^s \\ q_2^s - k, \text{if } \dfrac{1}{2}q_2^s < k < q_2^s \\ k, \text{if } 0 < k \leqslant \dfrac{1}{2}q_2^s \end{cases}$$

由此可得表 6.1，它归纳了对称信息下制造商最优的推式订货数量决策。

表 6.1　对称信息下制造商最优的推式订货数量决策

条　件	$k > q_1^s$	$q_2^s \leqslant k < q_1^s$	$\dfrac{1}{2}q_2^s < k < q_2^s$	$0 < k \leqslant \dfrac{1}{2}q_2^s$
Q_r^{s*}	q_1^s	k	q_2^s	$2k$
Q_1^*	q_1^s	k	k	k
Q_2^*	0	0	$q_2^s - k$	k

表 6.1 表明，产能约束在制造商的推式订货决策中起着关键作用。当 $k > q_1^s$ 时，供应商 1（低成本供应商）处于产能的松约束中，制造商只需向供应商 1 采购且最优的推式订货数量为 q_1^s。当 $q_2^s \leqslant k < q_1^s$ 时，供应商 1 处于产能的紧约束中因此他获得的订货量为 k；而由于 $q_2^s \leqslant k$，此时制造商不向供应商 2（高成本供应商）采购。当 $\dfrac{1}{2}q_2^s < k < q_2^s$ 时，有 $k < q_2^s < q_1^s$ 和 $2k > q_2^s$，这意味着供应商 1 处于产能的紧约束中而供应商 2 处于产能的松约束中，因此制造商将向供应商 2 采购且最优的采购总数量为 q_2^s。当 $0 < k \leqslant \dfrac{1}{2}q_2^s$ 即 $0 < 2k \leqslant q_2^s$ 时，两个供应商都处于产能的紧约束中，因此 $Q_r^{s*} = 2k$。表 6.1 背后的管理启示是：在推式订货中，为应对需求的不确定性，当供应商的产能较大（$k \geqslant q_2^s$）时，制造商选择单源采购策略；当产能较小（$k < q_2^s$）时，选择双源采购策略。

在对称信息下，根据引理 6.1 和引理 6.2 可得制造商的最优利润：

$$\pi^{s*} = \left(1 - \frac{c_b}{p}\right)R(2k) + \frac{c_b}{p}R(Q_r^{s*}) - c_1 \cdot \min(Q_r^{s*}, k) - c_2 \cdot \max(Q_r^{s*} - k, 0)$$

其中，$R(Q) = p\left[Q - \int_0^Q G(D)\mathrm{d}D\right]$。

6.3.3 采购策略分析

根据引理6.1和表6.1,可得制造商两阶段的最优采购策略,见表6.2。

表6.2 对称信息下制造商两阶段的最优采购策略

条件	$k \leqslant \frac{1}{2}q_2^s$	$\frac{1}{2}q_2^s < k < q_2^s$	$k \geqslant q_2^s$
Q_r^{s*}	$2k$	q_2^s	$\min(q_1^s, k)$
Q_b^{s*}	0	$[\min(D - Q_r^{s*}, 2k - Q_r^{s*})]^+$	$[\min(D - Q_r^{s*}, 2k - Q_r^{s*})]^+$
策略	推式(双源)	推式(双源)+拉式	推式(单源)+拉式

注:"双(单)源"表示双(单)源采购;"推(拉)式"表示推(拉)式订货。

命题6.1:在对称信息下,当$k \leqslant \frac{1}{2}q_2^s$时,制造商只向两个供应商推式订货;当$\frac{1}{2}q_2^s < k < q_2^s$时,制造商向两个供应商推式订货且剩余产能用于拉式订货;当$k \geqslant q_2^s$时,制造商只向一个供应商推式订货且剩余产能用于拉式订货。

证明:根据表6.2,即得命题6.1。证毕。

当供应商产能较小时($k \leqslant \frac{1}{2}q_2^s$),每一个供应商都处于产能的紧约束中,他们的产能在阶段1就被用完($Q_i^* = k$)以至于没有任何产能剩余给阶段2,因此制造商只用推式而不用拉式订货策略。当供应商产能适中时($\frac{1}{2}q_2^s < k < q_2^s$),供应商1处于产能的紧约束中但供应商2处于产能的松约束中,此时供应商2获得的常规订货量小于其产能($0 < Q_2^* < k$)即他还有部分产能留给拉式订货,因此推式和拉式订货共存。当供应商产能较大时($k \geqslant q_2^s$),制造商只需向供应商1推式订货且剩余产能都可以留给拉式订货,因此推式和拉式订货共存。命题6.1背后的管理启示是:当供应商产能较大时,相比推式订货而言,制造商宁愿把高成本供应商的产能留给拉式订货。

6.3.4 产能约束效应

为探讨不同供应商的产能约束对制造商利润的影响,本节将放松两个供应商具有相同产能的假设,并设供应商$i(i = 1, 2)$的产能为k_i。定义对称信息下供应商i的产能约束效应为

$$\nu_i^s = E_c(\pi^{s*}) - E_c(\pi^{si*}) \tag{6.4}$$

$E_c(\pi^{s*})$ 表示 $k_1 = k_2 = k$ 时制造商的期望利润;$E_c(\pi^{si*})$ 表示供应商 i 的产能为 $k-\delta$ 而另一个供应商的产能为 k(即 $k_i = k-\delta$ 且 $k_{-i} = k$)时制造商的期望利润,其中 $c = (c_1,c_2)$ 且 $0 < \delta < k$。制造商的利润前面加上期望是为了后面方便和不对称信息下的相应值进行比较,其含义可以理解为从事前(供应商知道自己的准确成本之前)的角度来看供应商的产能约束对制造商利润的影响。因此,产能约束效应 ν_i^s 指的是供应商 i 的产能减少 δ 所造成的制造商期望利润的损失。为了比较 ν_1^s 和 ν_2^s,设 $k \leqslant \frac{1}{2}q_2^s$,该假设是为了确保每个供应商都处于产能的紧约束中,从而 $\nu_i^s(i = 1,2)$ 总是正的。

命题 6.2:在对称信息下,和高成本供应商相比,低成本供应商的产能约束效应更强,即 $\nu_1^s > \nu_2^s$。

证明:采用和 6.3.2 节相同的分析过程,即得

$$\pi^{s1*} = \left(1 - \frac{c_b}{p}\right)R(2k-\delta) + \frac{c_b}{p}R(Q_r^{s1*}) - c_1 \cdot \min(Q_r^{s1*}, k-\delta) - c_2 \cdot \max(Q_r^{s1*} - k + \delta, 0)$$

其中,$R(Q) = p\left[Q - \int_0^Q G(D)\,\mathrm{d}D\right]$ 且 $Q_r^{s1*} = \max\left[\min(q_1^s, k-\delta), \min(q_2^s, 2k-\delta)\right]$。

Q_r^{s1*} 表示的是 $(k_1, k_2) = (k-\delta, k)$ 时制造商最优的推式订货总数量。同理,

$$\pi^{s2*} = \left(1 - \frac{c_b}{p}\right)R(2k-\delta) + \frac{c_b}{p}R(Q_r^{s2*}) - c_1 \cdot \min(Q_r^{s2*}, k) - c_2 \cdot \max(Q_r^{s2*} - k, 0)$$

其中,$Q_r^{s2*} = \max\left[\min(q_1^s, k), \min(q_2^s, 2k-\delta)\right]$,它表示 $(k_1, k_1) = (k, k-\delta)$ 时制造商最优的推式订货总数量。因此

$$\pi^{s2*} - \pi^{s1*} = \frac{c_b}{p}R(Q_r^{s2*}) - c_1 \cdot \min(Q_r^{s2*}, k) - c_2 \cdot \max(Q_r^{s2*} - k, 0)$$

$$- \left[\frac{c_b}{p}R(Q_r^{s1*}) - c_1 \cdot \min(Q_r^{s1*}, k-\delta) - c_2 \cdot \max(Q_r^{s1*} - k + \delta, 0)\right]$$

由于 $2k < q_2^s$ 且 $0 < \delta < k$,上式可化为

$$\pi^{s2*} - \pi^{s1*} = \frac{c_b}{p}R(2k-\delta) - c_1 k - c_2(k-\delta) - \left[\frac{c_b}{p}R(2k-\delta) - c_1(k-\delta) - c_2 k\right]$$

$$= (c_2 - c_1)\delta$$

再根据式(6.4),有 $\nu_1^s - \nu_2^s = E_c(\pi^{s2*} - \pi^{s1*}) = \delta E_c(c_2 - c_1) > 0$,即 $\nu_1^s > \nu_2^s$。证毕。

命题 6.2 意味着,和高成本供应商相比,低成本供应商产能的减少将给制造商造

114

成更大的利润损失。该命题背后的管理启示是:对制造商而言,低成本供应商的产能比高成本供应商的产能更有价值。

6.4 不对称信息下的采购机制设计

在不对称信息下,由于只有供应商 $i(i=1,2)$ 知道自己成本的准确值 c_i(私有信息),因此制造商需要设计一个机制实施采购。和既往相关文献一样(如 Chaturvedi & Martínez-de-Albéniz,2011;Chaturvedi et al.,2014),本书考虑设计直接机制(Krishna,2009)。

采用逆向归纳法先分析阶段 2 的采购决策。不对称信息下的制造商的拉式订货决策和对称信息下的完全相同。因此,将引理 6.1 中的 Q_r^* 替换为 Q_r^a(上标 a 是不对称信息的标签,以便和对称信息下的相应变量进行区分,下同),即得不对称信息下制造商的最优拉式订货数量:

$$Q_b^{a^*} = \max\left[0,\min(D - Q_r^a, 2k - Q_r^a)\right] \tag{6.5}$$

同理,制造商通过拉式订货获得的利润为

$$\pi_2^{a^*} = (p - c_e) \cdot \max\left[0,\min(D - Q_r^a, 2k - Q_r^a)\right]$$

6.4.1 机制设计过程

第一阶段,制造商提供一个直接采购机制 $(\boldsymbol{Q},\boldsymbol{M})$,其中 $\boldsymbol{Q} = (Q_1^a, Q_2^a)$,$\boldsymbol{M} = (M_1, M_2)$。$Q_i^a = Q_i^a(s_i, c_{-i})$ 和 $M_i = M_i(s_i, c_{-i})$ 分别表示供应商 $i(i=1,2)$ 将自己的成本报为 s_i 而另一个供应商真实报出自己的成本时供应商 i 获得的订货量和支付。因此 $E_{c_{-i}}[Q_i^a(s_i, c_{-i})]$ 和 $E_{c_{-i}}[M_i(s_i, c_{-i})]$ 表示相应的期望订货量和期望支付。于是,供应商 i 的期望利润为

$$u_i(s_i) = E_{c_{-i}}[M_i(s_i, c_{-i})] - c_i E_{c_{-i}}[Q_i^a(s_i, c_{-i})] \tag{6.6}$$

相应地,从事前来看,制造商的期望利润为

$$\pi^a = E_c\left\{E_D\left[\pi_2^{a^*} + p \cdot \min(Q_r^a, D) - \sum_{i=1}^{2} M_i\right]\right\} \tag{6.7}$$

其中,$\boldsymbol{c} = (c_1, c_2)$ 且 $Q_r^a = \sum_{i=1}^{2} Q_i^a$。上式中,$\pi_2^{a^*}$ 是制造商通过拉式订货获得的利润,$p \cdot \min(Q_r^a, D)$ 是制造商通过推式订货获得的收益,$\sum_{i=1}^{2} M_i$ 是推式订货的成本。基于式(6.6)和式(6.7),制造商的机制设计问题可表示为

$$P_r^a : \max_Q \pi^a$$

$$\text{s.t.} \quad u_i(c_i) \geqslant 0 \quad \text{IR}$$

$$u_i(c_i) \geqslant u_i(s_i) \quad \text{IC}$$

$$Q_i^a \in [0, k] \text{ for all } i$$

其中 IR 是个人理性约束,该约束是为了确保每个供应商都会参与该采购机制;IC 是激励相容约束,该约束是为了确保每个供应商都会报出真实的成本。和既往相关文献一样(如 Chen,2007;Duenyas et al.,2013),定义供应商 i($i=1,2$)的虚拟价值为 $\psi(c_i) = c_i + F(c_i)/f(c_i)$,且设 F 是对数凹的以确保 $\psi(c_i)$ 总是关于 c_i 单调递增(即正则性假设)。通过求解上述规划,即得引理 6.3。

引理 6.3: 在阶段 1,若对于任意 c_i($i=1,2$),订单分配规则 Q 满足

$$Q = \arg\max\left\{ \frac{c_b}{p} R[Q_1^a(c) + Q_2^a(c)] - \sum_{i=1}^2 \psi(c_i) Q_i^a(c) \right\} \quad (6.8)$$

其中,$R(Q) = p[Q - \int_0^Q G(D) \mathrm{d}D]$ 且 $Q_i^a \in [0, k]$,支付规则 M 满足

$$M_i(c) = c_i Q_i^a(c) + \int_{c_i}^{\bar{c}} Q_i^a(t_i, c_{-i}) \mathrm{d}t_i \quad (6.9)$$

则采购机制(Q, M)即为最优机制。

证明: 采用和引理 6.2 相同的分析过程,式(6.7)可化为

$$\pi^a = \left(1 - \frac{c_b}{p}\right) R(2k) + E_c\left[\frac{c_b}{p} R(Q_r^a) - \sum_{i=1}^2 M_i(c) \right]$$

其中 $Q_r^a = \sum_{i=1}^2 Q_i^a(c)$。然后按照标准的机制设计过程(Myerson,1981;Krishna,2009),即得引理 6.3。证毕。

上述最优机制(Q, M)的实施过程如下:制造商需要先向供应商宣布如引理 6.3 所示的订单分配规则和支付规则,然后再请每个供应商报出自己的成本。由于上述最优机制满足激励相容和个人理性约束,因此每个供应商的均衡策略是把自己的真实成本汇报给制造商。最后,把他们的真实成本代入式(6.8)和式(6.9),便得到了每个供应商获得的订货数量和支付。

为方便表述,接下来用 $Q_{(i)}$ 和 $M_{(i)}$($i=1,2$)分别表示成本为 $c_{(i)}$ 的供应商所获得的订货量和支付,其中 $c_{(1)}$,$c_{(2)}$($c_{(1)} < c_{(2)}$)是 c_1,c_2 的顺序统计量。在此基础上,即得引理 6.3 的显式解。

引理 6.4: 在阶段 1,成本为 $c_{(i)}$ 的供应商获得的订货量为

$$Q_{(i)}^* = \max\left\{0, \min\left[G^{-1}\left(1 - \frac{\psi(c_{(i)})}{c_b}\right) - (i-1)k, k\right]\right\}$$

相应的支付为

$$M_{(i)}^* = c_{(i)}Q_{(i)}^* + \Delta_{(i)}$$

其中,

$$\Delta_{(i)} = \int_{c_{(i)}}^{\bar{c}} \max\left\{0, \min\left[G^{-1}\left(1 - \frac{\psi(x)}{c_b}\right) - (i-1)k, k\right]\right\}dx \quad (6.10)$$

证明: 式(6.8)可化为

$$\boldsymbol{Q} = \arg\max\left[\frac{c_b}{p}R\left(\sum_{i=1}^{2}Q_{(i)}\right) - \sum_{i=1}^{2}\psi(c_{(i)})Q_{(i)}\right]$$

其中,$\boldsymbol{Q} = [Q_{(1)}, Q_{(2)}]$。令

$$H = \frac{c_b}{p}R\left(\sum_{i=1}^{2}Q_{(i)}\right) - \sum_{i=1}^{2}\psi(c_{(i)})Q_{(i)}$$

不难发现 $H = (Q_{(1)}, Q_{(2)})$ 的海塞矩阵是不定的。为了最大化 $H(Q_{(1)}, Q_{(2)})$,先把它转化为单变量函数。注意到 $\sum_{i=1}^{2}Q_{(i)} = Q_r^a$,由于 $\psi(c_{(1)}) < \psi(c_{(2)})$,给定任意一个 $Q_r^a \in [0, 2k]$,如下分配方案可以通过最小化 $\sum_{i=1}^{2}\psi(c_{(i)})Q_{(i)}$ 的方式最大化 H:若 $0 \leqslant Q_r^a \leqslant k$,则 $(Q_{(1)}, Q_{(2)}) = (Q_r^a, 0)$;若 $k < Q_r^a \leqslant 2k$,则 $(Q_{(1)}, Q_{(2)}) = (k, Q_r^a - k)$。因此,$H$ 可以改写为

$$H(Q_r^a) = \begin{cases} \frac{c_b}{p}R(Q_r^a) - \psi(c_{(1)})Q_r^a, & 0 \leqslant Q_r^a \leqslant k \\ \frac{c_b}{p}R(Q_r^a) - \psi(c_{(1)})k - \psi(c_{(2)})(Q_r^a - k), & k < Q_r^a \leqslant 2k \end{cases}$$

显然,$H(Q_r^a)$ 在 $Q_r^a = k$ 处连续但不可导,而且 $H(Q_r^a)$ 分别在第一段和第二段上都是凹的。在第一段,一阶条件解为 $Q_r^a = G^{-1}\left(1 - \frac{\psi(c_{(1)})}{c_b}\right)$;在第二段,一阶条件解为 $Q_r^a = G^{-1}\left(1 - \frac{\psi(c_{(2)})}{c_b}\right)$。由于 $G^{-1}\left(1 - \frac{\psi(c_{(1)})}{c_b}\right) > G^{-1}\left(1 - \frac{\psi(c_{(2)})}{c_b}\right)$,为求出全局最优解,需进行如下讨论:

(1)当 $G^{-1}\left(1 - \frac{\psi(c_{(1)})}{c_b}\right) \leqslant 0$ 时,有 $G^{-1}\left(1 - \frac{\psi(c_{(2)})}{c_b}\right) < G^{-1}\left(1 - \frac{\psi(c_{(1)})}{c_b}\right) \leqslant 0$,$H(Q_r^a)$ 在 $[0, 2k]$ 上单调递减,因此 $Q_r^{a*} = 0$。

(2)当 $0 < G^{-1}\left(1 - \dfrac{\psi(c_{(1)})}{c_b}\right) < k$ 时,有 $G^{-1}\left(1 - \dfrac{\psi(c_{(2)})}{c_b}\right) < G^{-1}\left(1 - \dfrac{\psi(c_{(1)})}{c_b}\right) \leqslant k$,$H(Q_r^a)$ 在 $[0,k]$ 上是单峰函数且在 $(k,2k]$ 上单调递减。因此 $Q_r^{a^*} = G^{-1}\left(1 - \dfrac{\psi(c_{(1)})}{c_b}\right)$。

(3)当 $G^{-1}\left(1 - \dfrac{\psi(c_{(2)})}{c_b}\right) \leqslant k \leqslant G^{-1}\left(1 - \dfrac{\psi(c_{(1)})}{c_b}\right)$ 时,$H(Q_r^a)$ 在 $[0,k]$ 上单调递增且在 $(k,2k]$ 上单调递减。因此 $Q_r^{a^*} = k$。

(4)当 $k < G^{-1}\left(1 - \dfrac{\psi(c_{(2)})}{c_b}\right) < 2k$ 时,$H(Q_r^a)$ 在 $[0,k]$ 上单调递增且在 $(k,2k]$ 上是单峰函数。因此 $Q_r^{a^*} = G^{-1}\left(1 - \dfrac{\psi(c_{(2)})}{c_b}\right)$。

(5)当 $G^{-1}\left(1 - \dfrac{\psi(c_{(2)})}{c_b}\right) \geqslant 2k$ 时,$H(Q_r^a)$ 在 $[0,2k]$ 上单调递增,因此 $Q_r^{a^*} = 2k$。

综上,$Q_r^{a^*} = \max\left\{0, \min\left[G^{-1}\left(1 - \dfrac{\psi(c_{(1)})}{c_b}\right), k\right], \min\left[G^{-1}\left(1 - \dfrac{\psi(c_{(2)})}{c_b}\right), 2k\right]\right\}$,由此可得 $Q_{(i)}^* = \max\left\{0, \min\left[G^{-1}\left(1 - \dfrac{\psi(c_{(i)})}{c_b}\right) - (i-1)k, k\right]\right\}$(其中 $i = 1,2$),再把它代入式(6.9),即得 $M_{(i)}^*$。证毕。

令 $q_i^a = G^{-1}\left(1 - \dfrac{\psi(c_{(i)})}{c_b}\right)$,它本质上就是当边际推式订货成本为 $\psi(c_{(i)})$ 且成本为 $c_{(i)}$ 的供应商具有无限产能时制造商的最优推式订货数量。这意味着在产能约束下,当 $k < q_1^a$ 时,低成本供应商处于产能的紧约束中;当 $2k < q_2^a$ 时,两个供应商都处于产能的紧约束中。和6.3.3节类似,根据引理6.4,$Q_{(1)}^*$ 和 $Q_{(2)}^*$ 可以写成关于 k 的分段函数的形式,于是就得到了表6.3。

表6.3意味着,若 $0 \leqslant Q_r^{a^*} \leqslant k$,则 $(Q_{(1)}^*, Q_{(2)}^*) = (Q_r^{a^*}, 0)$;若 $k < Q_r^{a^*} \leqslant 2k$,则 $(Q_{(1)}^*, Q_{(2)}^*) = (k, Q_r^{a^*} - k)$。因此,和在对称信息下一样,在不对称信息下订单的分配依然遵循"成本低者优先"原则。

和对称信息相比,引理6.4表明在不对称信息下,成本为 $c_{(i)}$($i = 1,2$)的供应商可以获得额外支付 $\Delta_{(i)}$,它本质上就是制造商为确保供应商 i 报出自己的真实价值 $c_{(i)}$ 而支付的信息租金。推论6.1给出了产能约束 k 对信息租金 $\Delta_{(i)}$ 的影响。

表 6.3　不对称信息下制造商的最优推式订货决策

条件	$c_b \leq \psi(c_{(1)})$	$c_b > \psi(c_{(1)})$			
		$k > q_1^a$	$q_2^a \leq k \leq q_1^a$	$\frac{1}{2}q_2^a < k < q_2^a$	$0 < k \leq \frac{1}{2}q_2^a$
$Q_{(1)}^*$	0	q_1^a	k	k	k
$Q_{(2)}^*$	0	0	0	$q_2^a - k$	k
Q_r^{a*}	0	q_1^a	k	q_2^a	$2k$

注:$Q_r^{a*} = Q_{(1)}^* + Q_{(2)}^*$。

推论 6.1: 当 $k \leq \frac{1}{2}q_2^a$ 时,高成本供应商的信息租金 $\Delta_{(2)}$ 关于产能 k 单调递增 $\left(\frac{\partial \Delta_{(2)}}{\partial k} > 0\right)$;当 $k > \frac{1}{2}q_2^a$ 时,$\Delta_{(2)}$ 关于 k 弱递减 $\left(\frac{\partial \Delta_{(2)}}{\partial k} \leq 0\right)$。然而,低成本供应商的信息租金 $\Delta_{(1)}$ 总是关于产能 k 弱递增 $\left(\frac{\partial \Delta_{(1)}}{\partial k} \geq 0\right)$。

证明: 根据机制设计理论(Myerson,1981;Krishna,2009),最优机制必满足

$$\int_c M_{(i)}^* z(\boldsymbol{c}) \mathrm{d}\boldsymbol{c} = \int_c \psi(c_{(i)}) Q_{(i)}^* z(\boldsymbol{c}) \mathrm{d}\boldsymbol{c}$$

其中,$\boldsymbol{c} = (c_{(1)}, c_{(2)})$ 且 $z(\boldsymbol{c})$ 是 $(c_{(1)}, c_{(2)})$ 的联合密度函数。根据引理 6.4,上式可改写为

$$\int_c c_{(i)} Q_{(i)}^* z(\boldsymbol{c}) \mathrm{d}\boldsymbol{c} + \int_c \Delta_{(i)} z(\boldsymbol{c}) \mathrm{d}\boldsymbol{c} = \int_c c_{(i)} Q_{(i)}^* z(\boldsymbol{c}) \mathrm{d}\boldsymbol{c} + \int_c \frac{F(c_{(i)})}{f(c_{(i)})} Q_{(i)}^* z(\boldsymbol{c}) \mathrm{d}\boldsymbol{c}$$

即

$$\int_c \Delta_{(i)} z(\boldsymbol{c}) \mathrm{d}\boldsymbol{c} = \int_c \frac{F(c_{(i)})}{f(c_{(i)})} Q_{(i)}^* z(\boldsymbol{c}) \mathrm{d}\boldsymbol{c}$$

因此,$\Delta_{(i)} = \frac{F(c_{(i)})}{f(c_{(i)})} Q_{(i)}^*$。由于 $Q_{(1)}^* = \max[0, \min(q_1^a, k)]$,故 $\frac{\partial \Delta_{(1)}}{\partial k} \geq 0$。此外,由于 $Q_{(2)}^* = \max[0, \min(q_2^a - k, k)]$,故当 $k \leq \frac{1}{2}q_2^a$ 时,$\frac{\partial \Delta_{(2)}}{\partial k} > 0$;当 $k > \frac{1}{2}q_2^a$ 时,$\frac{\partial \Delta_{(2)}}{\partial k} \leq 0$。证毕。

推论 6.1 表明,产能对两个供应商的利润影响是不同的。值得注意的是,对任意供应商而言,他在阶段 1 获得的订货量越多,制造商需要付给他的信息租金也越

多。根据"低成本者优先"原则,产能的增加总是能让低成本供应商获益。由表 6.3可知,当 $k \leqslant \frac{1}{2} q_2^a$ 时,高成本供应商处于产能的紧约束中(即 $Q_{(2)}^* = k$),因此他的利润(信息租金)随产能单调递增。当 $k > \frac{1}{2} q_2^a$ 时,高成本供应商处于产能的松约束中(即 $Q_{(2)}^* = q_2^a - k$ 或 $Q_{(2)}^* = 0$),因此他的利润随产能弱递减。推论 6.1 背后的管理启示是:当产能较小时,低成本供应商反而可以从产能约束中受益。

从引理 6.4 的证明中可以发现,不对称信息下的制造商最优的推式订货总数量为

$$Q_r^{a^*} = \max\left\{0, \min\left[G^{-1}\left(1 - \frac{\psi(c_{(1)})}{c_b}\right), k\right], \min\left[G^{-1}\left(1 - \frac{\psi(c_{(2)})}{c_b}\right), 2k\right]\right\}$$

$$(6.11)$$

且制造商的最优期望利润为

$$\pi^{a^*} = \left(1 - \frac{c_b}{p}\right)R(2k) + E_c\left[\frac{c_b}{p}R(Q_r^{a^*}) - \psi(c_{(1)}) \cdot \min(Q_r^{a^*}, k)\right.$$

$$\left. - \psi(c_{(2)}) \cdot \max(Q_r^{a^*} - k, 0)\right]$$

其中,$R(Q) = p\left[Q - \int_0^Q G(D)\,\mathrm{d}D\right]$。

6.4.2 采购策略分析

根据式(6.5)和表6.3,即得制造商两阶段的最优采购策略,见表6.4。

表6.4 不对称信息下制造商两阶段的最优采购策略

条件	$c_b \leqslant \psi(c_{(1)})$	$c_b > \psi(c_{(1)})$		
		$k \leqslant \frac{1}{2} q_2^a$	$\frac{1}{2} q_2^a < k < q_2^a$	$k \geqslant q_2^a$
$Q_r^{a^*}$	0	$2k$	q_2^a	$\min(q_1^a, k)$
$Q_b^{a^*}$	$\min(D, 2k)$	0	$[\min(D - Q_r^{a^*}, 2k - Q_r^{a^*})]^+$	$[\min(D - Q_r^{a^*}, 2k - Q_r^{a^*})]^+$
策略	拉式	推式(双源)	推式(双源)+拉式	推式(单源)+拉式

注:"双(单)源"表示双(单)源采购;"推(拉)式"表示推(拉)式订货。

命题 6.3:在不对称信息下,若 $c_b \leqslant \psi(c_{(1)})$,制造商只采用拉式订货策略。若

$c_b > \psi(c_{(1)})$，则当 $k \leq \frac{1}{2}q_2^a$ 时，制造商只向两个供应商推式订货；当 $\frac{1}{2}q_2^a < k < q_2^a$ 时，制造商向两个供应商推式订货且剩余产能用于拉式订货；当 $k \geq q_2^a$ 时，制造商只向一个供应商推式订货且剩余产能用于拉式订货。

证明：根据表6.4，即得命题6.3。证毕。

命题6.3表明，和在对称信息下相比，制造商在不对称信息下多出了一种策略——纯粹的拉式订货策略。这是因为，在不对称信息下，制造商不得不为常规订单支付信息租金，这可能造成低成本供应商的虚拟成本 $\psi(c_{(1)})$ 高于紧急生产成本 c_b。和在对称信息下类似，当制造商选择推式（单源）和拉式订货相结合的策略时，推式订货用于低成本供应商，且低成本供应商的剩余产能和高成本供应商的全部产能均可用于紧急生产；当制造商选择推式（双源）和拉式订货相结合的策略时，推式订货用于两个供应商，但是高成本供应商的剩余产能还可用于紧急生产。这意味着，每一个供应商都可能同时实施常规和紧急生产。

命题6.4：和对称信息相比，不对称信息的存在具有如下影响：①削弱了推式订货的价值即 $Q_r^{a*} \leq Q_r^{s*}$；②提升了拉式订货的价值即 $Q_b^{a*} \geq Q_b^{s*}$；③削弱了供应商产能约束对制造商的限制作用即 $\frac{Q_r^{a*} + Q_b^{a*}}{2k} \leq \frac{Q_r^{s*} + Q_b^{s*}}{2k}$。

证明：①由于 $G^{-1}\left(1 - \frac{\psi(c_{(i)})}{c_b}\right) < G^{-1}\left(1 - \frac{c_i}{c_b}\right)$，根据式（6.3）和式（6.11），$Q_r^{a*} \leq Q_r^{s*}$ 显然成立。②由于 $Q_r^{a*} \leq Q_r^{s*}$，根据式（6.2）和式（6.5），$Q_b^{a*} \geq Q_b^{s*}$ 显然成立。③根据式（6.2）有 $Q_r^{s*} + Q_b^{s*} = \max[Q_r^{s*}, \min(D, 2k)]$，同理根据式（6.5）有 $Q_r^{a*} + Q_b^{a*} = \max[Q_r^{a*}, \min(D, 2k)]$，又因为 $Q_r^{a*} \leq Q_r^{s*}$，因此 $Q_r^{a*} + Q_b^{a*} \leq Q_r^{s*} + Q_b^{s*}$ 即 $\frac{Q_r^{a*} + Q_b^{a*}}{2k} \leq \frac{Q_r^{s*} + Q_b^{s*}}{2k}$。证毕。

命题6.4背后的直觉是：和在对称信息下相比，在不对称信息下制造商在推式订货中需要向供应商支付一笔额外的费用——信息租金，这提高了推式订货的成本并使使制造商更不愿推式订货（$Q_r^{a*} \leq Q_r^{s*}$）而更愿意拉式订货（$Q_b^{a*} \geq Q_b^{s*}$）。除此之外，在不对称信息下，信息租金的存在也提升了总的采购成本，因此制造商两阶段的采购总量也会减少（$Q_r^{a*} + Q_b^{a*} \leq Q_r^{s*} + Q_b^{s*}$），这意味着供应商产能约束对制造商的限制作用变弱了。命题6.4背后的管理启示是：不对称信息的存在提升了风险应对策略——拉式订货的价值，同时也弱化了产能的限制作用。图6.2数值模拟了命题6.4中的结论。此外图6.2还表明,不论是在对称信息还是在不对称信息下,随着单位紧急生产成本的增加,制造商的推式订货数量增加,拉式订货数量减少,而期望的总订货数量增加。这是因为,当单位紧急生产成本增加时,需求实现后的拉式订货变得更加昂贵,因此制造商会减少拉式订货数量并增加推式订货数量。而且,由于供应商常规生产成本低于紧急生产成本,因此推式订货数量的增量高于拉式订货数量的减量,即总订货数量增加。

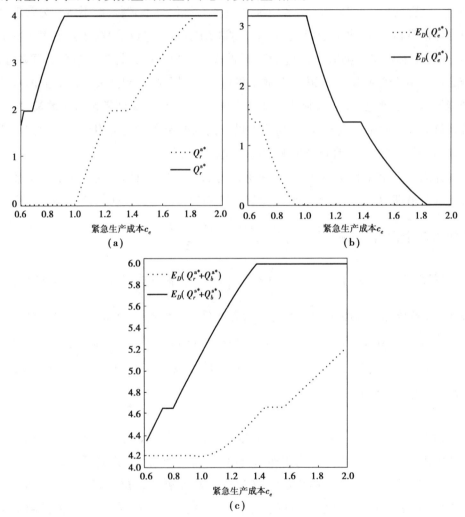

图6.2 对称信息和不对称信息之间的数量对比

注:参数取值为$c_1=0.5,c_2=0.55,k=2,\psi(c)=2c,D \sim U[0,10]$

6.4.3 产能约束效应

为探讨不同供应商的产能约束对制造商利润的影响,本节将放松两个供应商具有相同产能的假设,并设成本为 $c_{(i)}(i=1,2)$ 的供应商产能为 $k_{(i)}$。定义不对称信息下成本为 $c_{(i)}$ 的供应商的产能约束效应为

$$\nu_i^a = \pi^{a\,*} - \pi^{ai\,*} \tag{6.12}$$

式(6.12)中,$\pi^{a\,*}$ 表示 $k_{(1)} = k_{(2)} = k$ 时制造商的期望利润;$\pi^{ai\,*}$ 表示成本为 $c_{(i)}(i=1,2)$ 的供应商产能为 $k-\delta$ 且另一个供应商产能为 k 时制造商的期望利润,其中 $0 < \delta < k$。因此,产能约束效应 $\nu_1^a(\nu_2^a)$ 指的是低(高)成本供应商的产能减少所造成的制造商期望利润的损失。和 6.3.4 节类似,为了确保 $\nu_i^a(i=1,2)$ 总是正的,设 $k \leqslant \frac{1}{2}q_2^a$。由于 $q_2^a < q_2^s$,上述假设意味着 $k < \frac{1}{2}q_2^s$ 也成立。接下来比较对称信息和不对称信息下的产能约束效应,并得命题 6.5。

命题 6.5:和对称信息相比,不对称信息削弱了两个供应商的产能约束效应即 $\nu_i^a < \nu_i^s(i=1,2)$;但是,对低成本供应商产能约束效应的削弱程度低于高成本供应商,即 $\nu_1^s - \nu_1^a < \nu_2^s - \nu_2^a$。

证明:采用和 6.4.1 节相同的分析过程,即得

$$\pi^{a1\,*} = \left(1 - \frac{c_b}{p}\right)R(2k-\delta) + E_c\left[\frac{c_b}{p}R(Q_r^{a1\,*}) - \psi(c_{(1)}) \cdot \min(Q_r^{a1\,*}, k-\delta)\right]$$
$$- \psi(c_{(2)}) \cdot \max(Q_r^{a1\,*} - k + \delta, 0)$$

其中,$c = (c_{(1)}, c_{(2)})$ 且 $Q_r^{a1\,*} = \max\left[0, \min(q_1^a, k-\delta), \min(q_2^a, 2k-\delta)\right]$。$Q_r^{a1\,*}$ 表示的是在不对称信息下,$(k_{(1)}, k_{(2)}) = (k-\delta, k)$ 时制造商最优的推式订货总数量。同理,

$$\pi^{a2\,*} = \left(1 - \frac{c_b}{p}\right)R(2k-\delta) + E_c\left[\frac{c_b}{p}R(Q_r^{a2\,*}) - \psi(c_{(1)}) \cdot \min(Q_r^{a2\,*}, k)\right]$$
$$- \psi(c_{(2)}) \cdot \max(Q_r^{a2\,*} - k, 0)$$

其中,$Q_r^{a2\,*} = \max\left[0, \min(q_1^a, k), \min(q_2^a, 2k-\delta)\right]$,它表示 $(k_{(1)}, k_{(2)}) = (k, k-\delta)$ 时制造商最优的推式订货总数量。因此根据式(6.12),可得

$$\nu_1^a - \nu_2^a = \pi^{a2\,*} - \pi^{a1\,*}$$

$$= E_c\left\{\left[\frac{c_b}{p}R(Q_r^{a2\,*}) - \psi(c_{(1)}) \cdot \min(Q_r^{a2\,*}, k) - \psi(c_{(2)}) \cdot \max(Q_r^{a2\,*} - k, 0)\right]\right.$$

$$-\left[\frac{c_b}{p}R(Q_r^{a1\,*})-\psi(c_{(1)})\cdot\min(Q_r^{a1\,*},k-\delta)-\psi(c_{(2)})\cdot\max(Q_r^{a1\,*}-k+\delta,0)\right]\Big\}$$

由于 $k\leqslant\frac{1}{2}q_2^a$ 且 $0<\delta<k$,

$$\nu_1^a-\nu_2^a=E_c\left\{\left[\frac{c_b}{p}R(2k-\delta)-\psi(c_{(1)})k-\psi(c_{(2)})(k-\delta)\right]\right.$$

$$\left.-\left[\frac{c_b}{p}R(2k-\delta)-\psi(c_{(1)})(k-\delta)-\psi(c_{(2)})k\right]\right\}$$

$$=\delta E_c[\psi(c_{(2)})-\psi(c_{(1)})]$$

由命题 6.2 的证明可知,$\nu_1^s-\nu_2^s=\delta E_c(c_2-c_1)$。由于在对称信息下假设过 $c_1<c_2$,因此$(c_1,c_2)=(c_{(1)},c_{(2)})$。于是,

$$\nu_1^s-\nu_2^s-(\nu_1^a-\nu_2^a)=\delta E_c\left[\frac{F(c_{(1)})}{f(c_{(1)})}-\frac{F(c_{(2)})}{f(c_{(2)})}\right]$$

由于 $F(\cdot)$ 是对数凹的,于是有$\frac{F(c_{(1)})}{f(c_{(1)})}<\frac{F(c_{(2)})}{f(c_{(2)})}$,因此 $\nu_1^s-\nu_2^s<\nu_1^a-\nu_2^a$,即 $\nu_1^s-\nu_1^a<\nu_2^s-\nu_2^a$。证毕。

和对称信息相比,不对称信息的存在使制造商向每个供应商采购的数量减少,即每个供应商的产能约束变弱了,因此不对称信息弱化了每个供应商的产能约束效应。而且,成本分布函数 F 的对数凹性意味着低成本供应商的单位信息租金低于高成本供应商,于是制造商向高成本供应商采购的数量减少得更多,即该供应商的产能约束效应变得更弱了。因此,不对称信息对高成本供应商产能约束效应的影响大于低成本供应商。

值得注意的是,$\nu_1^s-\nu_1^a<\nu_2^s-\nu_2^a$ 等价于 $\nu_1^s-\nu_2^s<\nu_1^a-\nu_2^a$。因此命题 6.5 还表明,和对称信息相比,不对称信息扩大了两个供应商产能约束效应之差。这背后的管理启示是:在对称信息下,对制造商而言,低成本供应商比高成本供应商更重要,而不对称信息进一步提升了低成本供应商的重要性。

6.5　扩　展

本节将模型扩展到制造商拥有 $n(n\geqslant3)$ 个潜在供应商且供应商 $i(i=1,2,\cdots,n)$ 的产能为 k_i 的情形。首先分析对称信息下制造商的最优采购决策。不失一般性,设 $c_1<c_2<\cdots<c_n$,于是得到命题 6.6(公式中的上标 sm 表示在对称信息下有多个

124

供应商的情形)。

命题 6.6：在对称信息下，制造商面对 $n(n \geq 3)$ 个潜在供应商时的最优采购决策如下：

(1)在阶段 1,制造商向成本为 $c_i(i=1,2,\cdots,n)$ 的供应商采购的数量为

$$Q_i^{sm*} = \max\left\{0, \min\left[G^{-1}\left(1 - \frac{c_i}{c_b}\right) - \left(\sum_{j=1}^i k_j - k_i\right), k_i\right]\right\} \quad (6.13)$$

(2)在阶段 2,制造商向拥有剩余产能的供应商采购的数量为

$$Q_b^{sm*} = \max\left[0, \min\left(D - \sum_{i=1}^n Q_i^{sm*}, \sum_{i=1}^n k_i - \sum_{i=1}^n Q_i^{sm*}\right)\right] \quad (6.14)$$

证明：采用引理 6.1、引理 6.2 类似的证明过程，命题 6.6 即得证。证毕。

接下来分析不对称信息下制造商的采购决策问题。设所有供应商的成本(私有信息)服从 $[0,\bar{c}]$ 上分布函数为 F、密度函数为 f 的独立同分布；用 $c_{(1)}, c_{(2)}, \cdots, c_{(n)}$ 表示 $c_1, c_2, \cdots, c_n$ 的顺序统计量，其中 $c_{(1)} < c_{(2)} < \cdots < c_{(n)}$，并用 $k_{(i)}$ 表示成本为 $c_{(i)}(i=1,2)$ 的供应商的产能。采用和 6.4 节相类似的分析过程，即得命题 6.7(公式中的上标 am 表示在不对称信息下有多个供应商的情形)。

命题 6.7：在不对称信息下，制造商面对 $n(n \geq 3)$ 个潜在供应商时的最优采购决策如下：

(1)在阶段 1,制造商向成本为 $c_{(i)}(i=1,2,\cdots,n)$ 的供应商采购的数量为

$$Q_{(i)}^{am*} = \max\left\{0, \min\left[G^{-1}\left(1 - \frac{\psi(c_{(i)})}{c_b}\right) - \left(\sum_{j=1}^i k_{(j)} - k_{(i)}\right), k_{(i)}\right]\right\}$$

制造商给予该供应商的支付为

$$M_{(i)}^{am*} = c_{(i)}Q_{(i)}^{am*} + \Delta_{(i)}^{am}$$

其中，$\Delta_{(i)}^{am}$ 是信息租金且

$$\Delta_{(i)}^{am} = \int_{c_{(i)}}^{\bar{c}} \max\left\{0, \min\left[G^{-1}\left(1 - \frac{\psi(x)}{c_b}\right) - \left(\sum_{j=1}^i k_{(j)} - k_{(i)}\right), k_{(i)}\right]\right\}dx$$

(2)在阶段 2,制造商向拥有剩余产能的供应商采购的数量为

$$Q_b^{am*} = \max\left[0, \min\left(D - \sum_{i=1}^n Q_{(i)}^{am*}, \sum_{i=1}^n k_{(i)} - \sum_{i=1}^n Q_{(i)}^{am*}\right)\right]$$

证明：采用引理 6.4 类似的证明过程，命题 6.7 即得证。证毕。

通过命题 6.6 和命题 6.7 可以发现，每一个供应商都可能获得一个正的订货量。这意味着，不论是在对称信息还是在不对称信息下，制造商在推式订货中(阶段 1)都可能内生选择向 1 个、2 个、3 个……甚至向 n 个供应商采购。下面这个推论总结了制造商在推式订货中应该选择的最优供应商数量。

推论 6.2：

（1）在对称信息下，制造商在推式订货中应该选择的最优供应商数量为

$$m^{s*} = \begin{cases} 1, c_b \leqslant \dfrac{c_2}{1 - G(k_1)} \\[3mm] i, \dfrac{c_i}{1 - G\left(\sum\limits_{l=1}^{i} k_l - k_i\right)} < c_b \leqslant \dfrac{c_{i+1}}{1 - G\left(\sum\limits_{l=1}^{i} k_l\right)} \\[3mm] n, c_b > \dfrac{c_n}{1 - G\left(\sum\limits_{l=1}^{n-1} k_l\right)} \end{cases}$$

（2）在不对称信息下，制造商在推式订货中应该选择的最优供应商数量为

$$m^{a*} = \begin{cases} 0, c_b \leqslant \psi(c_1) \\[3mm] j, \dfrac{\psi(c_{(j)})}{1 - G\left(\sum\limits_{l=1}^{j} k_{(l)} - k_{(j)}\right)} < c_b \leqslant \dfrac{\psi(c_{(j+1)})}{1 - G\left(\sum\limits_{l=1}^{j} k_{(l)}\right)} \\[3mm] n, c_b > \dfrac{\psi(c_{(n)})}{1 - G\left(\sum\limits_{l=1}^{n-1} k_{(l)}\right)} \end{cases}$$

其中，$i \in \{2, 3, \cdots, n-1\}$ 且 $j \in \{1, 2, \cdots, n-1\}$。

证明： 当 $c_b \leqslant \dfrac{c_2}{1 - G(k_1)}$ 时，有 $G^{-1}\left(1 - \dfrac{c_2}{c_b}\right) - k_1 \leqslant 0$，根据式（6.13）可知 $Q_2^{sm*} =$

0。与此同时，由于 $c_1 < c_b$ 即 $G^{-1}\left(1 - \dfrac{c_1}{c_b}\right) > 0$，由式（6.13）可知 $Q_1^{sm*} > 0$。因此，

$m^{s*} = 1$。

当 $\dfrac{c_i}{1 - G\left(\sum\limits_{l=1}^{i} k_l - k_i\right)} < c_b \leqslant \dfrac{c_{i+1}}{1 - G\left(\sum\limits_{l=1}^{i} k_l\right)}$ $(i \in \{2, 3, \cdots, n-1\})$ 时，有

$G^{-1}\left(1 - \dfrac{c_i}{c_b}\right) - \left(\sum\limits_{l=1}^{i} k_l - k_i\right) > 0$ 且 $G^{-1}\left(1 - \dfrac{c_{i+1}}{c_b}\right) - \sum\limits_{l=1}^{i} k_l \leqslant 0$。由式（6.13）

可知，此时 $Q_i^{sm*} > 0$ 且 $Q_{i+1}^{sm*} = 0$。因此，$m^{s*} = i$。

当 $c_b > \dfrac{c_n}{1 - G\left(\sum\limits_{l=1}^{n} k_l - k_n\right)}$ 时，有 $G^{-1}\left(1 - \dfrac{c_n}{c_b}\right) - \left(\sum\limits_{l=1}^{n} k_l - k_n\right) > 0$，由

式（6.13）可知，此时 $Q_n^{sm*} > 0$。因此，$m^{s*} = n$。

综上，

$$m^{s*} = \begin{cases} 1, c_b \leq \dfrac{c_2}{1-G(k_1)} \\ i, \dfrac{c_i}{1-G(\sum_{l=1}^{i}k_l - k_i)} < c_b \leq \dfrac{c_{i+1}}{1-G(\sum_{l=1}^{i}k_l)} \\ n, c_b > \dfrac{c_n}{1-G(\sum_{l=1}^{n-1}k_l)} \end{cases}$$

其中，$i \in \{2,3,\cdots,n-1\}$。

同理可证，

$$m^{a*} = \begin{cases} 0, c_b \leq \psi(c_1) \\ j, \dfrac{\psi(c_{(j)})}{1-G(\sum_{l=1}^{j}k_{(l)} - k_{(j)})} < c_b \leq \dfrac{\psi(c_{(j+1)})}{1-G(\sum_{l=1}^{j}k_{(l)})} \\ n, c_b > \dfrac{\psi(c_{(n)})}{1-G(\sum_{l=1}^{n-1}k_{(l)})} \end{cases}$$

其中，$j \in \{1,2,\cdots,n-1\}$。证毕。

定义 $c_b[1-G(Q_r)]$ 为期望的紧急生产成本，其中 Q_r 是总的推式订货数量，$1-G(Q_r)$ 为实施拉式订货的概率。引理6.3表明，制造商到底应该在推式订货中选择多少个供应商，主要取决于供应商的常规生产（或虚拟）成本和期望紧急生产成本。在对称信息下，若 c_2 大于 $Q_r = k_1$ 时的期望紧急生产成本，即 $c_b \leq \dfrac{c_2}{1-G(k_1)}$，此时向供应商2拉式订货优于推式订货，因此制造商只向供应商1推式订货。若 c_i 小于 $Q_r = \sum_{l=1}^{i}k_l - k_i$ 时的期望紧急生产成本，但 c_{i+1} 大于 $Q_r = \sum_{l=1}^{i}k_l$ 时的期望紧急生产成本，即 $\dfrac{c_i}{1-G(\sum_{l=1}^{i}k_l - k_i)} < c_b \leq \dfrac{c_{i+1}}{1-G(\sum_{l=1}^{i}k_l)}$，此时供应商 i 能获得一个正的订单但供应商 $i+1$ 则不能，因此制造商向供应商 $1,2,\cdots,i$ 推式订货。若 c_n 小于 $Q_r = \sum_{l=1}^{n-1}k_l$ 时的期望紧急生产成本，即 $c_b > \dfrac{c_n}{1-G(\sum_{l=1}^{n-1}k_l)}$，即便供应商 n（常规生产成本最高的供应商）也能获得一个正的订货量，因此制造商将向所有（n 个）供应商推式订货。在不对称信息下也有上述类似的现象。

命题6.6和命题6.7分别扩展了引理6.2和引理6.4的结果。同理，6.3节和6.4节中的其他结论也可以扩展到 n 个供应商且供应商 $i(i=1,2,\cdots,n)$ 的产能为

k_i 的情形。这说明,本章所建立的模型具有鲁棒性。

6.6　本章小结

本章在考虑随机需求风险的情形下,研究了制造商面对两个具有产能约束和私有成本信息的供应商时的采购机制设计问题,其中制造商既可以在需求实现之前订货(即推式订货),也可以在需求实现之后订货(即拉式订货)。

研究发现,在对称信息下,制造商的最优采购策略为:当供应商的产能较小时,制造商只向两个供应商推式订货(即推式排斥拉式);当产能适中时,制造商向两个供应商推式订货且剩余产能用于拉式订货(推式和拉式共存);当产能较大时,制造商只向一个供应商推式订货且剩余产能用于拉式订货(推式和拉式共存)。相对于高成本供应商而言,低成本供应商的产能约束会给制造商造成更多的利润损失,即低成本供应商的产能约束效应强于高成本供应商的产能约束效应。

在不对称信息下,本章设计了一个最优的采购机制以实现信息的甄别、供应商的选择、订货数量的确定和产能的分配并发现,低成本供应商的信息租金随产能单调递增,高成本供应商的信息租金随产能先增后减。而且,不对称信息的出现会内生出一种新的采购策略——制造商只实施拉式订货而不实施推式订货(即拉式排斥推式)。该策略将在低成本供应商的虚拟成本高于单位紧急生产成本时被使用;而低成本供应商的虚拟成本不太高时,制造商最优的采购策略与在对称信息下类似。和对称信息相比,不对称信息的存在削弱了推式订货的价值,提升了拉式订货的价值,削弱了供应商产能约束对制造商的限制。除此之外,不对称信息的存在还会弱化每个供应商的产能约束效应,而且这种影响对低成本供应商更显著。

本研究将为企业的运作实践带来重要的管理启示。当企业面对随机需求风险和上游的产能约束时,需要在推式和拉式订货之间合理分配有限的产能。若低成本供应商的虚拟成本较高,则企业应把所有产能用于拉式订货。若该虚拟成本不太高,而当上游产能较小时,企业应把所有产能用于推式订货;当产能适中时,企业只需把高成本供应商的部分产能留作拉式订货,其余产能用于推式订货;当产能较大时,企业只需把低成本供应商的部分或全部产能用于推式订货,供应商的其余产能留作拉式订货。除此之外,由于不对称信息的存在会提升风险应对策略——拉式订货的价值,因此在运作实践中,当供应链上下游之间缺乏透明度时,企业应该减少需求实现之前的订货量,增加需求实现之后的订货量即更多地依赖拉式订货。

7 结论与展望

7.1 主要结论

随着供应链的全球化和市场竞争的日益激烈,企业正面临越来越多的风险。本书在供应风险、生产风险和需求风险这3类典型风险环境下,研究了企业的4种风险应对策略:后备采购、与对手合作、专利授权或共享,以及拉式订货策略。主要结论如下:

第一,在上游中断风险下,本书探讨了线上零售商(供应链核心企业)同时采用后备采购与代发货策略时的最优订货决策,分析了这两种策略各自的价值,研究了这两种策略之间的替代或互补关系。研究发现,不论是后备采购策略还是代发货策略的引入都会降低制造商的批发单价,提高零售商的常规采购数量。对零售商而言,代发货策略和后备采购策略的引入都能增加其利润,且这两种策略之间具有替代性。对上游的制造商而言,代发货策略的引入使其利润增加,后备采购策略的引入使其利润减少,但这两种策略之间具有互补性。对整条供应链而言,当物流成本较低或较高且后备采购成本较低时,代发货和后备采购策略之间具有互补性;而其他情况下,这两种策略之间具有替代性。

第二,在上游产能风险下,本书研究了原始设备制造商可以在其供应商产能的随机性实现后向竞争对手(即集成制造商)采购部分零部件的供应链竞合问题,其中集成制造商既生产零件也生产产品,其生产零件的成本更高但完美可靠。研究发现,依赖于供应商实现后的产能大小,两个制造商可能只竞争不合作,也可能竞争与合作共存。然而从事前来看,原始设备制造商向对于采购的期望数量总是正的,这意味着合作选项的存在具有风险应对效应。值得注意的是,既往关于供应风险管理的相关研究(如 Tomlin,2006;Yang et al.,2009;Chen & Xiao,2015)一致认为,当企业拥有价格昂贵且完美可靠的紧急补货选项之后,具有供应风险的主供应商获得的订货量会减少。然而本书在引入供应链竞合之后,得到了相反的结论:补货合作选项的存在使具有随机产能风险的供应商获得的订货量(弱)增加,即两个制造商之间的合作具有溢出效应。这是因为,补货合作可以帮助原始设备制造商应对供应风险,这将增加原始设备制造商的竞争力并弱化集成制造商的相对竞争力,于是集成制造商投放到市场的数量减少(产量收缩效应)。然而,因为原始设备制造商所在的供应链具有成本优势,所以原始设备制造商的产量扩张数量比集成制造商的收缩数量更大,且上述成本优势源自上游的供应商,因此供应商获得的订货量(弱)增加。除此之外,既往关于供应链竞合的研究(如 Pun,2014;Niu et al.,2015;Hafezalkotob,2017)认为,两条供应链之间的合作将使竞争缓解。然而,本书在引入供应风险之后得到了不同的结论:合作选项不仅不会使两个制造商之间的竞争缓解,反而可能使竞争加剧。这是因为,两条供应链之间的供货合作有助于缓解其中一条链的供应风险,并增强这条链上制造商的竞争力,因此在大部分情况下,竞争不仅没有缓解反而加剧了。

第三,在高技术企业的产出风险下,本书分别构建了 3 种最常见专利策略——独占、授权和共享下的供应链上下游决策(即分散决策)模型,并对这 3 种专利策略进行了比较。在独占策略下,具有随机产出风险的高技术企业自己生产零件并向下游制造商供货;在授权策略下,企业不生产零件但把技术授权给代工厂商并收取专利许可费;在共享策略下,企业把专利共享给代工厂商,当企业随机产出实现但不能满足下游订单时由代工厂商来补足订单。研究发现,对高技术企业而言,若下游制造商面对的市场规模较小,则授权策略占优;若市场规模较大,此时哪种策略更好取决于高技术企业生产的可靠性。由于共享策略可以很好地应对产出风险,因此根据直觉很容易认为,高技术企业的可靠性越低越愿意共享。然而结论恰好相反:对高技术企业而言,当可靠性较低时,独占策略占优;当可靠性较高时,共享策略占优。这是因为,共享在缓解风险的同时也引入了竞争。而且,高技术企业的可靠性越低,代工厂商获得的订单越多,高技术企业在竞争中越处于弱势地位。因此,当可靠性较低时,共享使高技术企业分出去的订单太多以至于独占策略反而更优。当高技术企业的可靠性较高时,高技术企业只需分少量订单给代工厂商就能达到缓解产出风险的目的,因此共享策略更优。除此之外,本书还用利润共享合同分别对专利独占、授权和共享策略下的供应链进行了协调,并发现和分散决策相比,供应链协调使授权策略占优的区间扩大,使独占策略占优的区间缩小。对高技术企业而言最优的专利策略和社会最优(即对整个供应链系统而言最优的专利策略)之间存在一定程度的扭曲,且扭曲的程度竟然随启动成本的降低而加剧,随可靠性的降低而缓解。

最后,在市场需求风险下,本书研究了制造商面对两个具有产能约束和私有成本信息的供应商时的采购策略,其中制造商既可以在需求实现之前订货(推式订货),也可以在需求实现之后订货(拉式订货)。本书设计了一个最优的采购机制以实现信息的甄别、供应商的选择、订货数量的确定和产能的分配,并发现在最优机制中,低成本供应商的信息租金随产能单调递增,高成本供应商的信息租金随产能先增后减。而且,不对称信息的存在会内生出一种新的采购策略——制造商只实施拉式订货而不实施推式订货。因此,推式和拉式订货策略既可能共存,也可能互斥。具体而言,若低成本供应商的虚拟成本高于单位紧急生产成本,制造商只采用拉式订货策略(即拉式排斥推式)。若低成本供应商的虚拟成本不太高时,则两种策略共存还是互斥取决于上游产能的大小。当产能较小时,制造商只向两个供应商推式订货(即推式排斥拉式);当产能适中时,制造商向两个供应商推式订货且剩余产能用于拉式订货(推式和拉式共存);当产能较大时,制造商只向一个供应商推式订货且剩余产能用于拉式订货(推式和拉式共存)。在对称信息下,相对于高成本供应商而言,低成本供应商的产能约束会给制造商造成更多的利润损失;并且在不对称信息下,上述不对称效应将加剧。此外,和对称信息相比,不对称信息的存在削弱了推式订货的价值,提升了拉式订货的价值,削弱了供应商产能约束对制造商的限制。

7.2　研究展望

本书有如下几个扩展方向:

第一,本书第 3 章研究了在对称信息下后备采购和代发货策略之间的关系。然而在运作实践中,上游制造商的生产成本可能是其私有信息,因此后续研究可考虑将本书第 3 章的研究扩展到不对称信息的情形。此时,不对称信息的引入将如何影响后备采购策略在风险应对方面的作用,如何影响代发货策略在成本节约方面的价值,如何影响上述两种策略的替代或互补关系,是值得研究的科学问题。

第二,本书第 4 章假定上游供应商具有外生的批发单价,这也是既往关于供应链竞合研究(如 Pun,2014;Niu et al.,2015)的主流假设。然而在运作实践中,供应商的批发单价可能是内生变量,因此后续研究可考虑在现有模型中加入供应商的批发单价决策。此时,上游内生批发单价的引入将如何影响下游原始设备制造商的订货决策,如何影响两个制造商之间的竞合关系,如何影响竞争的强度以及整个供应链系统的利润,是值得研究的科学问题。

第三,本书第5章在单链环境下考察了高技术企业的专利策略选择问题。然而在运作实践中,高技术企业可能面临其他企业的竞争,因此后续研究可考虑将本书第5章的研究扩展到供应链竞争的情形。此时,供应链竞争的引入将如何影响高技术企业专利策略的选择,是值得研究的科学问题。

最后,本书第6章假定供应商的紧急生产成本是共同知识。这也是既往相关研究(如 Yang et al. ,2009)的主流假设。然而在运作实践中,供应商的常规生产成本和紧急生产成本可能都是其私有信息,因此后续研究可考虑将现有模型扩展到推式和拉式订货都存在不对称信息的情形。此时,需为制造商设计两阶段动态采购机制以甄别供应商的常规生产和紧急生产成本。那么,上述两阶段采购机制该如何设计,关于紧急生产成本的私有信息引入将如何影响推式和拉式订货共存或互斥的条件,是值得研究但颇具挑战的科学问题。

参考文献

［1］王坤. 富士康上榜 MIT 全球 50 大"最聪明公司"赋能夏普跑出行业新速度［EB/OL］.（2017-06-30）［2019-11-10］. http://elec. it168. com/a2017/0630/3138/000003138131. shtml.

［2］百度百家. 同是 A9 处理器,为什么台积电会全面胜出三星［EB/OL］.（2015-10-13）［2019-11-10］. https://m. chinaz. com/mip/article/456622. shtml.

［3］曹裕,孟羽,熊寿遥. 信息不对称下供应商在 Drop-shipping 供应链中的决策［J］. 系统管理学报,2016,25（5）:955-964.

［4］但斌,伏红勇,徐广业,等. 考虑天气与努力水平共同影响产量及质量的农产品供应链协调［J］. 系统工程理论与实践,2013,33（9）:2229-2238.

［5］尹一杰. 中石化爆炸致下游炼厂减产,百万吨项目或推迟［EB/OL］.（2013-11-29）［2019-11-10］. http://news. sina. com. cn/c/2013-11-29/022428840652. shtml.

［6］凤凰网科技. iPhone X 预期过高致零部件库存高企:达出货量三倍［EB/OL］.（2018-07-16）［2019-11-10］. http://tech. ifeng. com/a/20180716/45065603_0. shtml.

［7］GentlemanZ. 奔驰丰田双双抛售了特斯拉股份,双方即将在电动车市场展开正面交锋［EB/OL］.（2017-06-05）［2019-11-10］. http://36kr. com/p/5078445. html.

［8］何青,黄河. 可改善供应风险和生产成本下的供应渠道策略研究［J］. 管理学报,2016,13（5）:755-762.

［9］侯晶. 供应风险下后备采购中的信息共享价值研究［J］. 系统工程学报,2013,28（5）:668-676.

［10］李清乐. 生鲜 O2O 终极之战阿里京东百度都不愿错过［EB/OL］.（2015-11-04）［2019-11-10］. https://www. husiu. com/artice/130167. html.

［11］环球网. 斯巴鲁拟紧急增产混动版 XV,需求旺盛［EB/OL］.（2013-09-06）

[2019-11-10]. http://www.chinanews.com/auto/2013/09-06/5254241.shtml.

[12] 李彬,季建华,王文利.基于供应商后备决策的不可靠供应链订货合同设计[J].软科学,2013,27(11):71-75.

[13] 李彬,季建华,孟翠翠.应对突发事件的双源采购鲁棒订货策略[J].系统管理学报,2014,23(3):381-387.

[14] 李新军,刘兴华.供应中断下双源采购的供应链契约设计[J].工业技术经济,2016,35(12):37-46.

[15] 李新军,王建军,达庆利.供应中断情况下基于备份供应商的应急决策分析[J].中国管理科学,2016,24(7):63-71.

[16] 李雪莲,殷耀宁,尹佳.供应和需求中断并存下零售商最优采购策略[J].统计与决策,2015(8):48-51.

[17] 李卓群,梁美婷.不确定需求影响下动态供应链库存策略选择[J].工业工程与管理,2018,23(4):23-29.

[18] 马雪松,陈荣秋.基于公平关切和服务合作价值的服务供应链应急协调策略[J].控制与决策,2017,32(6):1047-1056.

[19] 钱童心.特斯拉糟糕的三季度:亏损扩大,Model3 交付时间再延迟[EB/OL].(2017-11-02)[2019-11-10]. http://finance.ifeng.com/a/20171102/15763358_0.shtml.

[20] 中笑宇.考虑供应风险的采购合同设计研究[D].重庆:重庆大学,2015.

[21] 田军,张海青,汪应洛.基于能力期权契约的双源应急物资采购模型[J].系统工程理论与实践,2013,33(9):2212-2219.

[22] 王博.考虑消费者行为的企业运营优化和供应链契约协调研究[D].天津:天津大学,2015.

[23] 王丽梅,姚忠,刘鲁.现货供应不确定下的优化采购策略研究[J].管理科学学报,2011(4):24-35.

[24] 王心馨.全球最大船用燃料油供应商破产,或引发上游供应链倒闭潮[EB/OL].(2014-11-11)[2019-11-10]. https://www.thepaper.cn/newsDetail_forward_1277176.

[25] 温源,肖勇波.面临汇率和供应风险的双渠道采购决策研究[J].中国管理科学,2013(4):35-43.

[26] 邢鹏,张翠华,王语霖,等.供应中断下考虑风险规避的物流服务质量控制

［J］.东北大学学报(自然科学版),2016,37(4):604-608.

［27］张文杰,骆建文.基于双源采购的供应应急管理分析［J］.上海交通大学学报,2013,47(3):454-458.

［28］赵道致,吕昕.随机产出与需求下基于风险共享的 VMI 协同［J］.系统工程,2012,30(2):1-8.

［29］赵金实,段永瑞,王世进,等.不同主导权位置情况下零售商双渠道策略的绩效对比研究［J］.管理工程学报,2013,27(1):171-177.

［30］中国家电网.全球电视市场低迷,电视产品出现严重库存积压［EB/OL］.(2017-07-21)［2019-11-10］.http://365jia.cn/news/2017-07-21/91ABCFF4349B4EC0.html.

［31］周林,侯晶.供应中断风险下可靠性改善和产能订购研究［J］.武汉理工大学学报(信息与管理工程版),2017,39(5):581-586.

［32］周欣,霍佳震.基于循环取货的多产品供应链提前期波动压缩模型［J］.系统管理学报,2015,24(2):289-295.

［33］朱传波,陈畴镛,包兴.供应中断风险下供应链恢复能力投资决策及协调［J］.工业工程,2014,17(3):27-32.

［34］朱传波,季建华.考虑供应商风险的订货与可靠性改善策略研究［J］.管理评论,2013,23(6):170-176.

［35］ANUPINDI R,AKELLA R. Diversification under supply uncertainty［J］. Management science,1993,39(8):944-963.

［36］APPLEINSIDER. Apple reportedly taps Samsung for Retina iPad mini panels due to supply shortage［EB/OL］.(2013-11-01)［2019-11-10］.http://appleinsider.com/articles/13/11/01/apple-reportedly-taps-samsung-for-retina-ipad-mini-panels-due-to-supply-shortage.

［37］Marsh & McLennan Companies. 2016 AFP Risk survey［R/OL］.(2016-03-16)［2019-11-10］. https://www.mmc.com/content/dam/mmc-web/Global-Risk-Center/Files/2016RiskSurveyReport-FINAL.pdf.

［38］ARORA A,FOSFURI A,ROENDE T. Managing licensing in a market for technology［J］. Management Science,2013,59(5):1092-1106.

［39］BABICH V. Vulnerable options in supply chains:Effects of supplier competition［J］. Naval Research Logistics,2006,53(7):656-673.

［40］BABICH V, BURNETAS A N, RITCHKEN P H. Competition and diversification effects in supply chains with supplier default risk［J］. Manufacturing & Service Operations Management, 2007, 9(2):123-146.

［41］BABICH V. Independence of capacity ordering and financial subsidies to risky suppliers［J］. Manufacturing & Service Operations Management, 2010, 12(4): 583-607.

［42］BAGCHI A, MUKHERJEE A. Technology licensing in a differentiated oligopoly ［J］. International Review of Economics & Finance, 2014, 29:455-465.

［43］BAKSHI N, KLEINDORFER P. Co-opetition and investment for supply-chain resilience［J］. Production & Operations Management, 2009, 18(6): 583-603.

［44］BEHZADI G, O'SULLIVAN M, OLSEN T L, et al. Allocation flexibility for agribusiness supply chains under market demand disruption［J］. International Journal of Production Research, 2018, 56(10):3524-3546.

［45］BENGTSSON M, KOCK S. "Coopetition" in business networks—to cooperate and compete simultaneously［J］. Industrial Marketing Management, 2000, 29(5): 411-426.

［46］BERMAN O, KRASS D. On-facility median problem with facilities subject to failure facing uniform demand［J］. Discrete Applied Mathematic, 2011, 159(6): 420-432.

［47］BLOOMBERG NEWS. Apple returns to Samsung to make next generation of chips ［EB/OL］. (2015-04-02)［2019-11-10］. http://www.oregonlive.com/siliconforest/index.ssf/2015/04/apple_returns_to_samsung_to_ma.html.

［48］BROEKMEULEN R A C M, STERNBECK M G, VAN DONSELAAR K H, et al. Decision support for selecting the optimal product unpacking location in a retail supply chain［J］. European Journal of Operational Research, 2017, 259(1): 84-99.

［49］BURT J. Intel to build 10nm mobile chips for ARM［EB/OL］. (2016-08-16) ［2019-11-10］. http://www.eweek.com/mobile/intel-to-build-10nm-mobile-chips-for-arm.

［50］CACHON G P. The allocation of inventory risk in a supply chain: Push, pull, and advance-purchase discount contracts［J］. Management Science, 2004, 50(2):

222-238.

[51] CAMBRIDGE, HSINCHU. ARM and TSMC Sign long-term strategic agreement [EB/OL]. (2010-07-20) [2019-11-10]. https://www. design-reuse. com/news/ 23944/arm-tsmc-agreement. html.

[52] CAO E. Coordination of dual-channel supply chains under demand disruptions management decisions[J]. International Journal of Production Research,2014,52 (23): 7114-7131.

[53] CHATURVEDI A, BEIL D R, MARTíNEZ-DE-ALBéNIZ V. Split-award auctions for supplier retention[J]. Management Science,2014,60(7): 1719-1737.

[54] CHATURVEDI A, MARTÍNEZ-DE-ALBÉNIZ V. Optimal procurement design in the presence of supply risk[J]. Manufacturing & Service Operations Management,2011,13(2): 227-243.

[55] CHEN F. Auctioning supply contracts[J]. Management Science,2007,53(10): 1562-1576.

[56] CHEN J, GUO Z. Strategic sourcing in the presence of uncertain supply and retail competition [J]. Production and Operations Management, 2014, 23 (10): 1748-1760.

[57] CHEN J L, ZHAO X B, Zhou Y. A periodic-review inventory system with a capacitated backup supplier for mitigating supply disruptions[J]. European Journal of Operational Research,2012,219(2): 312-323.

[58] CHEN K B, XIAO T J. Production planning and backup sourcing strategy of a buyer-dominant supply chain with random yield and demand[J]. International Journal of Systems Science,2015,46(15): 2799-2817.

[59] CHEN K B, XU R X, FANG H W. Information disclosure model under supply chain competition with asymmetric demand disruption[J]. Asia-Pacific Journal of Operational Research,2016,33(6): 1-35.

[60] CHEN K B, YANG L. Random yield and coordination mechanisms of a supply chain with emergency backup sourcing[J]. International Journal of Production Research,2014,52(16): 4747-4767.

[61] CHEONG T, GOH M, SONG S H. Effect of inventory information discrepancy in a drop-shipping supply chain[J]. Decision Sciences,2015,46(1): 193-213.

［62］ CHIANG W K,FENG Y. Retailer or e-tailer? Strategic pricing and economic-lot-size decisions in a competitive supply chain with drop-shipping［J］. Journal of the Operational Research Society,2010,61(11): 1645-1653.

［63］ CHOPRA S,REINHARDT G,MOHAN U. The importance of decoupling recurrent and disruption risks in a supply chain［J］. Naval Research Logistics,2007,54 (5): 544-555.

［64］ COOKE P. Complex spaces: Global innovation networks & territorial innovation systems in information & communication technologies［J］. Journal of Open Innovation: Technology,Market,and Complexity,2017,3(1): 9.

［65］ DE GIOVANNI P. Closed-loop supply chain coordination through incentives with asymmetric information ［J］. Annals of Operations Research, 2017, 253 (1): 133-167.

［66］ DONG L X,TOMLIN B. Managing disruption risk: The interplay between operations and insurance［J］. Management Science,2012,58(10): 1898-1915.

［67］ DONG L X,XIAO G,YANG N. Supply diversification under price dependent demand and random yield［EB/OL］. (2015-08-07)［2019-11-10］. https://papers. ssrn. com/sol3/papers. cfm? abstract_id = 2640635.

［68］ DONG L X,ZHU K J. Two-wholesale-price contracts: Push,pull,and advance-purchase discount contracts［J］. Manufacturing & Service Operations Management,2007,9(3): 291-311.

［69］ DUENYAS I,HU B,BEIL D R. Simple auctions for supply contracts［J］. Management Science,2013,59(10): 2332-2342.

［70］ ERKAL N. Optimal licensing policy in differentiated industries［J］. Economic Record,2005,81(252): 51-60.

［71］ FAULÍ-OLLER R,SANDONÍS J. Welfare reducing licensing［J］. Games and Economic Behavior,2002,41(2): 192-205.

［72］ FENG Q,SHI R X. Sourcing from multiple suppliers for price-dependent demands ［J］. Production and Operations Management,2012,21(3): 547-563.

［73］ FORBES. Samsung Will Be Apple's Top Supplier For iPhones Again In 2017［EB/ OL］. (2016-12-16)［2019-11-10］. https://www. forbes. com/sites/johnkang/ 2016/12/16/samsung-will-be-apples-top-supplier-for-iphones-again-in-2017/

#14a8ea771fb0.

［74］ FU K,HSU V N,LEE C Y. Note—optimal component acquisition for a single-product,single-demand assemble-to-order problem with expediting［J］. Manufacturing & Service Operations Management,2009,11(2): 229-236.

［75］ GAN X H,SETHI S P,ZHOU J. Commitment-penalty contracts in drop-shipping supply chains with asymmetric demand information［J］. European Journal of Operational Research,2010,204(3): 449-462.

［76］ GERSTNER E,HESS J D. Pull promotions and channel coordination［J］. Marketing Science,1995,14(1): 43-60.

［77］ GHODSYPOUR S H,O'BRIEN C. The total cost of logistics in supplier selection, under conditions of multiple sourcing,multiple criteria and capacity constraint ［J］. International Journal of Production Economics,2001,73(1): 15-27.

［78］ GNYAWALI D R,HE J Y,MADHAVAN R. Impact of co-opetition on firm competitive behavior: An empirical examination［J］. Journal of Management,2006, 32(4): 507-530.

［79］ GRANOT D,YIN S. Competition and cooperation in decentralized push and pull assembly systems［J］. Management Science,2008,54(4): 733-747.

［80］ GUAJARDO J A,COHEN M A,KIM S H,et al. Impact of performance-based contracting on product reliability: An empirical analysis［J］. Management Science,2012,58(5): 961-979.

［81］ GUO L,IYER G. Multilateral bargaining and downstream competition［J］. Marketing Science,2013,32(3): 411-430.

［82］ GUO S,ZHAO L,XU X W. Impact of supply risks on procurement decisions［J］. Annals of Operations Research,2016,241(1-2): 411-430.

［83］ GUPTA S. On a modification of the VCG mechanism and its optimality［J］. Operations Research Letters,2016,44(3): 415-418.

［84］ HA A Y,TIAN Q,TONG S L. Information Sharing in Competing Supply Chains with Production Cost Reduction［J］. Manufacturing & Service Operations Management,2017,19(2): 246-262.

［85］ HAFEZALKOTOB A. Competition,cooperation,and coopetition of green supply chains under regulations on energy saving levels［J］. Transportation Research Part

E：Logistics and Transportation Review,2017,97：228-250.

[86] HAN G H,DONG M,LIU S X. Yield and allocation management in a continuous make-to-stock system with demand upgrade substitution[J]. International Journal of Production Economics,2014,156：124-131.

[87] HENDRICKS K B,SINGHAL V R. Association between supply chain glitches and operating performance[J]. Management science,2005,51(5)：695-711.

[88] HONG X P,GOVINDAN K,XU L,et al. Quantity and collection decisions in a closed-loop supply chain with technology licensing[J]. European Journal of Operational Research,2017,256(3)：820-829.

[89] HONG J D,SANDRAPATY R R,HAYYA J C. On production policies for a linearly increasing demand and finite,uniform production rat[J]. Computers & Industrial Engineering,1990,18(2)：119-127.

[90] HORSTMANN I,MACDONALD G M,SLIVINSKI A. Patents as information transfer mechanisms：To patent or (maybe) not to patent[J]. Journal of Political Economy,1985,93(5)：837-858.

[91] HOSODA T,DISNEY S M,GAVIRNENI S. The impact of information sharing,random yield,correlation,and lead times in closed loop supply chains[J]. European Journal of Operational Research,2015,246(3)：827-836.

[92] HOU J,ZENG A Z,ZHAO L D. Coordination with a backup supplier through buyback contract under supply disruption[J]. Transportation Research Part E：Logistics and Transportation Review,2010,46(6)：881-895.

[93] HOU J,ZENG A Z,SUN L. Backup sourcing with capacity reservation under uncertain disruption risk and minimum order quantity[J]. Computers & Industrial Engineering,2017,103：216-226.

[94] HSIEH C C,WU C H. Capacity allocation,ordering,and pricing decisions in a supply chain with demand and supply uncertainties[J]. European Journal of Operational Research,2008,184(2)：667-684.

[95] HU B,HU M,YANG Y. Open or closed? Technology sharing,supplier investment,and competition[J]. Manufacturing & Service Operations Management,2017,19(1)：132-149.

[96] HU X X,GURNANI H,WANG L. Managing risk of supply disruptions：Incen-

tives for capacity restoration[J]. Production and Operations Management,2013, 22(1): 137-150.

[97] HUANG H,LI Z P,XU H Y. Wholesale price auctions for dual sourcing under supply risk[J]. Decision Sciences,2018,49(4): 754-780.

[98] HUANG H,SHEN X Y,XU H Y. Procurement contracts in the presence of endogenous disruption risk[J]. Decision Sciences,2016,47(3): 437-472.

[99] HUANG H,XU H Y. Dual sourcing and backup production: Coexistence versus exclusivity[J]. Omega,2015,57: 22-33.

[100] HUANG H,ZENG N M,XU H Y. Procurement mechanism for dual sourcing and emergency production under capacity constraint[J]. Computers & Industrial Engineering,2018,119: 204-218.

[101] HWANG W,BAKSHI N,DEMIGUEL V. Wholesale price contracts for reliable supply[J]. Production and Operations Management,2018,27(6): 1021-1037.

[102] IAKOVOU E,VLACHOS D,XANTHOPOULOS A. A stochastic inventory management model for a dual sourcing supply chain with disruptions[J]. International Journal of Systems Science,2010,41(3): 315-324.

[103] INTEL NEWSROOM. Intel reports record full-year revenue of $ 55.9 billion, generates net income of $ 11.7 nillion,up 22 percent year-over-year[EB/OL]. (2015-01-15)[2019-11-10]. https://newsroom. intel. com/news-releases/intel-reports-record-full-year-revenue-of-55-9-billion-generates-net-income-of-11-7-billion-up-22-percent-year-over-year.

[104] IYENGAR G,KUMAR A. Optimal procurement mechanisms for divisible goods with capacitated suppliers[J]. Review of Economic Design,2008,12(2): 129.

[105] IYER A V,DESHPANDE V,WU Z P. Contingency management under asymmetric information[J]. Operations Research Letters,2005,33(6): 572-580.

[106] JAIN T,HAZRA J. Dual sourcing under suppliers' capacity investments[J]. International Journal of Production Economics,2017,183: 103-115.

[107] KAFI F,FATEMI GHOMI S M T. A game-theoretic model to analyze value creation with simultaneous cooperation and competition of supply chain partners[D]. Tehran: Amirkabir University of Technology,2014.

[108] KAMALAHMADI M,PARAST M M. An assessment of supply chain disruption

mitigation strategies［J］. International Journal of Production Economics, 2017, 184: 210-230.

［109］KAMIEN M I, TAUMAN Y. Patent licensing: The inside story［J］. The Manchester School, 2002, 70(1): 7-15.

［110］KHOUJA M. The evaluation of drop shipping option for e-commerce retailers［J］. Computers & industrial engineering, 2001, 41(2): 109-126.

［111］KIM, CHANG-RAN. Toyota aims for quake-proof supply chain［EB/OL］. (2011-09-06)［2019-11-10］. http://www. reuters. com/article/2011/09/06/us-toyota-idUSTRE7852RF20110906.

［112］KIM S H, TOMLIN B. Guilt by association: Strategic failure prevention and recovery capacity investments［J］. Management Science, 2013, 59(7): 1631-1649.

［113］KOUVELIS P, LI J. Flexible backup supply and the management of lead-time uncertainty［J］. Production and Operations Management, 2008, 17(2): 184-199.

［114］KOUVELIS P, MILNER J M. Supply chain capacity and outsourcing decisions: The dynamic interplay of demand and supply uncertainty［J］. IIE Transactions, 2002, 34(8): 717-728.

［115］KRISHNA V. Auction theory［M］. 2nd ed. Salt Lake City: Academic press, 2009.

［116］KUKSOV D, LIN Y F. Information provision in a vertically differentiated competitive marketplace［J］. Marketing Science, 2010, 29(1): 122-138.

［117］KURDHI N, MARCHAMAH M, RESPATIWULAN N A. A two-echelon supply chain inventory model with shortage backlogging, inspection errors and uniform demand under imperfect quality items［J］. International Journal of Procurement Management, 2018, 11(2): 135-152.

［118］LAHIRI A, DEY D. Effects of piracy on quality of information goods［J］. Management Science, 2013, 59(1): 245-264.

［119］LEE C H S, BARUA A, WHINSTON A. The complementarity of mass customization and electronic commerce［J］. Economics of Innovation and New Technology, 2000, 9(2): 81-110.

［120］LENG M M, PARLAR M. Lead-time reduction in a two-level supply chain: Non-cooperative equilibria vs. coordination with a profit-sharing contract［J］. International Journal of Production Economics, 2009, 118(2): 521-544.

[121] Li B, ARREOLA-RISA A. Financial risk, inventory decision and process improvement for a firm with random capacity[J]. European Journal of Operational Research, 2017, 260(1): 183-194.

[122] LI C H, SCHELLER-WOLF A. Push or pull? Auctioning supply contracts[J]. Production and Operations Management, 2011, 20(2): 198-213.

[123] LI C Y, WANG J M. Licensing a vertical product innovation[J]. The Economic Record, 2010, 86(275): 517-527.

[124] LI G, ZHANG L J, GUAN X, et al. Impact of decision sequence on reliability enhancement with supply disruption risk[J]. Transportation Research Part E: Logistics and Transportation Review, 2016, 90: 25-38.

[125] LI T, SETHI S P, ZHANG J. How does pricing power affect a firm's sourcing decisions from unreliable suppliers? [J]. International Journal of Production Research, 2013, 51(23-24): 6990-7005.

[126] LI T, SETHI S P, ZHANG J. Mitigating supply uncertainty: The interplay between diversification and pricing[J]. Production and Operations Management, 2017, 26(3): 369-388.

[127] LI X, LI Y J. On the loss-averse dual-sourcing problem under supply disruption [J]. Computers & Operations Research, 2016, 100: 301-313.

[128] LI Y M, JHANG-LI J H. Analyzing online B2B exchange markets: Asymmetric cost and incomplete information[J]. European Journal of Operational Research, 2011, 214(3): 722-731.

[129] LIN P. Fixed-fee licensing of innovations and collusion[J]. Journal of Industrial Economics, 1996, 44(4): 443-449.

[130] LIU S X, SO K C, ZHANG F Q. Effect of supply reliability in a retail setting with joint marketing and inventory decisions[J]. Manufacturing & Service Operations Management, 2010, 12(1): 19-32.

[131] LUO Z, CHEN X, WANG X J. The role of co-opetition in low carbon manufacturing[J]. European Journal of Operational Research, 2016, 253(2): 392-403.

[132] MANUJ I, MENTZER J T. Global supply chain risk management[J]. Journal of Business Logistics, 2008, 9(1): 133-155.

[133] MCKINSEY & COMPANY. McKinsey global servey results: The challenges ahead for

supply chains[EB/OL]. (2010-05-18)[2019-11-10]. https://www.mckinsey.com/business-functions/operations/our-insights/the-challenges-ahead-for-supply-chains-mckinsey-global-survey-results.

[134] MERZIFONLUOGLU Y. Impact of risk aversion and backup supplier on sourcing decisions of a firm[J]. International Journal of Production Research,2015,53(22): 6937-6961.

[135] MOFLUID. 10 Best drop shipping companies[EB/OL]. (2016-11-13)[2019-11-10]. https://mofluid.com/blog/10-best-drop-shipping-companies.

[136] MOHAMMADZADEH N,ZEGORDI S H. Coordination in a triple sourcing supply chain using a cooperative mechanism under disruption[J]. Computers & Industrial Engineering,2016,101: 194-215.

[137] MYERSON R B. Optimal auction design[J]. Mathematics of Operations Research,1981,6(1): 58-73.

[138] NAHMIAS S. Production and operations analysis[M]. 6th ed. New York: McGraw-Hill,2009.

[139] NEJAD A E,NIROOMAND I,KUZGUNKAYA O. Responsive contingency planning in supply risk management by considering congestion effects[J]. Omega,2014,48: 19-35.

[140] NETESINE S,RUDI N. Supply chain choice on the Internet[J]. Management Science,2006,52(6): 844-864.

[141] NIU B Z,WANG Y L,GUO P F. Equilibrium pricing sequence in a co-opetitive supply chain with the ODM as a downstream rival of its OEM[J]. Omega,2015,57: 249-270.

[142] NOSOOHI I,NOOKABADI A S. Outsource planning with asymmetric supply cost information through a menu of option contracts[J]. International Transactions in Operational Research,2017,26(4): 1422-1450.

[143] PUN H. Supplier selection of a critical component when the production process can be improved[J]. International Journal of Production Economics,2014,154: 127-135.

[144] QI A Y,AHN H S,SINHA A. Investing in a shared supplier in a competitive market: Stochastic capacity case[J]. Production and Operations Management,

2015,24(10):1537-1551.

[145] QI X T. Order splitting with multiple capacitated suppliers[J]. European Journal of Operational Research,2007,178(2):421-432.

[146] QIN F,RAO U S,GURNANI H,et al. Role of random capacity risk and the retailer in decentralized supply chains with competing suppliers[J]. Decision Sciences,2014,45(2):255-279.

[147] ROCKETT K E. Choosing the competition and patent licensing[J]. The RAND Journal of Economics,1990,21(1):161-171.

[148] ROSENBLATT M J,HERER Y T,HEFTER I. Note. An acquisition policy for a single item multi-supplier system[J]. Management Science,1998,44(11-part-2):96-100.

[149] SAGHAFIAN S,VANOYEN M P. The value of flexible backup suppliers and disruption risk information: newsvendor analysis with recourse[J]. IIE Transactions,2012,44(10):834-867.

[150] SALI M,GIARD V. Optimal stock-out risk when demand is driven by several mixed-model assembly lines in the presence of emergency supply[J]. International Journal of Production Research,2015,53(11):3448-3461.

[151] SHANG W F,YANG L. Contract negotiation and risk preferences in dual-channel supply chain coordination[J]. International Journal of Production Research,2015,53(16):4837-4856.

[152] SHEN B,LI Q Y,DONG C W,et al. Design outsourcing in the fashion supply chain: OEM versus ODM[J]. Journal of the Operational Research Society,2016,67(2):259-268.

[153] SIMCHI-LEVI D,SCHMIDT W,WEI Y H. From superstorms to factory fires: Managing unpredictable supply chain disruptions[J]. Harvard Business Review,2014,92(1-2):96-101.

[154] STING F J,HUCHZERMEIER A. Ensuring responsive capacity: How to contract with backup suppliers[J]. European Journal of Operational Research,2010,207(2):725-735.

[155] SWAMINATHAN J M,SHANTHIKUMAR J G. Supplier diversification: Effect of discrete demand[J]. Operations Research Letters,1999,24(5):213-221.

[156] TAN B, FENG Q, CHEN W. Dual sourcing under random supply capacities: The role of the slow supplier[J]. Production and Operations Management, 2016, 25 (7): 1232-1244.

[157] TANG S Y, GURNANI H, GUPTA D. Managing disruptions in decentralized supply chains with endogenous supply process reliability[J]. Production & Operations Management, 2013, 23(7):1198-1211.

[158] TANG S Y, KOUVELIS P. Supplier diversification strategies in the presence of yield uncertainty and buyer competition[J]. Manufacturing & Service Operations Management, 2011, 13(4): 439-451.

[159] TERWIESCH C, BOHN R E. Learning and process improvement during production ramp-up[J]. International Journal of Production Economics, 2001, 70(1): 1-19.

[160] TIAN X L. Licensing a quality-enhancing innovation to an upstream firm[J]. Economic Modelling, 2016, 53: 509-514.

[161] TOMLIN B. On the value of mitigation and contingency strategies for managing supply chain disruption risks[J]. Management Science, 2006, 52(5): 639-657.

[162] TOMLIN B. Disruption-management strategies for short life-cycle products[J]. Naval Research Logistics, 2009, 56(4): 318-347.

[163] VAN DER RHEE B, VAN DER VEEN J A A, VENUGOPAL V, et al. A new revenue sharing mechanism for coordinating multi-echelon supply chains[J]. Operations Research Letters, 2010, 38(4): 296-301.

[164] WADECKI A A, BABICH V, WU O Q. Manufacturer competition and subsidies to suppliers[EB/OL]. (2010-05-28)[2019-11-10]. http://ssrn. com/abstract = 1616 949.

[165] WALKER J. The single-period inventory problem with uniform demand[J]. International Journal of Operations & Production Management, 1992, 12(3): 79-84.

[166] WANG X H. Fee versus royalty licensing in a Cournot duopoly model[J]. Economics Letters, 1998, 60(1): 55-62.

[167] WANG Y M, GILLAND W, TOMLIN B. Mitigating supply risk: dual sourcing or process improvement[J]. Manufacturing & Service Operations Management, 2010, 12(3): 489-510.

[168] WANG Y L, NIU B Z, GUO P F. The comparison of two vertical outsourcing structures under push and pull contracts[J]. Production and Operations Management, 2014, 23(4): 610-625.

[169] WANG Y M, XIAO Y X, YANG N. Improving reliability of a shared supplier with competition and spillovers[J]. European Journal of Operational Research, 2014, 236: 499-510.

[170] ALAN F. Apple to increase production of gold Apple iPhone 5s by 33% [EB/ OL]. (2013-09-22) [2019-11-10]. https://www. phonearena. com/news/ WSJ-Apple-to-increase-production-of-gold-Apple-iPhone-5s-by-33-id47647/comments.

[171] XIA Y S, RAMACHANDRAN K, GURNANI H. Sharing demand and supply risk in a supply chain[J]. IIE Transactions, 2011, 43(6): 451-469.

[172] XING W, WANG S Y, LIU L M. Optimal ordering and pricing strategies in the presence of a B2B spot market[J]. European Journal of Operational Research, 2012, 221(1): 87-98.

[173] XU H. Managing production and procurement through option contracts in supply chains with random yield[J]. International Journal of Production Economics, 2010, 126(2): 306-313.

[174] YAN X M, WANG Y. ON cournot competition under random yield[J]. Asia-Pacific Journal of Operational Research, 2013, 30(4): 1-26.

[175] YANG Z B, AYDIN G, BABICH V, et al. Supply disruptions, asymmetric information, and a backup production option[J]. Management Science, 2009, 55(2): 192-209.

[176] YANG Z B, AYDIN G, BABICH V, et al. Using a dual-sourcing option in the presence of asymmetric information about supplier reliability: Competition vs. diversification[J]. Manufacturing & Service Operations Management, 2012, 14(2): 202-217.

[177] YAZLALI Ö, ERHUN F. Dual-supply inventory problem with capacity limits on order sizes and unrestricted ordering costs[J]. IIE Transactions, 2009, 41(8): 716-729.

[178] YAO D Q, KURATA H, MUKHOPADHYAY S K. Incentives to reliable order

fulfillment for an Internet drop-shipping supply chain[J]. International Journal of Production Economics,2008,113(1): 324-334.

[179] YIN Z,WANG C. Strategic cooperation with a backup supplier for the mitigation of supply disruptions[J]. International Journal of Production Research,2018,56 (2): 1-13.

[180] YOO S H,SEO Y W. Effect of supply chain structure and power dynamics on R&D and market performances[J]. Journal of Business Economics and Management,2017,18(3): 487-504.

[181] YU H S,ZENG A Z,ZHAO L D. Single or dual sourcing: decision-making in the presence of supply chain disruption risks[J]. Omega,2009,37(4): 788-800.

[182] YU D Z,CHEONG T,SUN D. Impact of supply chain power and drop-shipping on a manufacturer's optimal distribution channel strategy[J]. European Journal of Operational Research,2017,259(2): 554-563.

[183] ZENG A Z,Y XIA. Building a mutually beneficial partnership to ensure backup supply [J]. Omega-International Journal of Management Science, 2015, 52: 77-91.

[184] ZHANG W,HUA Z S. Optimal inventory policy for capacitated systems with two supply sources[J]. Operations Research Letters,2013,41(1): 12-18.